TRAITÉ
DE LA NARRATION.

TRAITÉ
DE LA NARRATION

SUIVI

DES RÈGLES DE L'ANALYSE ORATOIRE

AVEC DES MODÈLES D'EXERCICES,

ET AUGMENTÉ D'UN ABRÉGÉ DES TROPES;

PAR P. F. DE CALONNE,

PROFESSEUR AU COLLÉGE HENRI IV.

TROISIÈME ÉDITION

REVUE ET AUGMENTÉE.

à l'usage de la classe de seconde.

PARIS.

DE L'IMPRIMERIE D'A. DELALAIN,

LIBRAIRE-ÉDITEUR, RUE DES MATHURINS-St-JACQUES, N. 5,

M DCCC XXXV.

Les formalités voulues par la loi ont été remplies.

Tout contrefacteur ou débitant de contrefaçon de cet Ouvrage sera poursuivi conformément aux lois.

Toutes mes Éditions sont revêtues de ma griffe.

Auguste Delalain

PRÉFACE.

Deux Editions du Traité de la Narration, épuisées assez rapidement, ont dû me convaincre de l'utilité de cet ouvrage. Aussi, pour répondre à l'opinion favorable qu'il paraît avoir laissée, l'ai-je rendu plus complet dans cette troisième édition. Avant d'y songer, j'avais publié, comme complément de mon Traité, un recueil de Narrations Françaises extraites de nos meilleurs auteurs, et précédées de sommaires. Mon but, comme il est facile de le voir, est de préparer les futurs rhétoriciens à la composition.

Les élèves désireux de connaître l'art d'écrire, après en avoir appris les préceptes dans ce manuel, peuvent en faire l'application, soit par des analyses, soit par le développement des sommaires qui indiquent en substance les principales idées contenues dans chacune des Narrations de mon recueil; ainsi ils arriveront en rhétorique déjà formés à la composition, et auront rempli les conditions prescrites par l'auteur des Elémens de Littérature.

« Je distinguerai, dit-il, trois temps pour les disciples de la Rhétorique. Le premier où l'on ne fera guère que former leur entendement et leur remplir l'esprit de ces idées élémentaires que je regarde comme les sources qui grossiront

* Cet ouvrage se trouve chez *A. Delalain.*

un jour le grand fleuve de l'éloquence; le second où l'on commencera à exercer leur talent par de légéres tentatives; le troisième enfin où, dans l'art oratoire, on leur fera concevoir le plan d'un édifice dont les parties se correspondent et réunissent dans leur ensemble, la grandeur, l'élégance et la solidité. »

Les deux premiers temps indiqués par Marmontel, me paraissent être surtout du ressort de la Seconde; car les Elèves, en arrivant en Rhétorique, sont supposés connaître les règles de la composition et les avoir déjà appliquées: la preuve en est que, dès leur début dans cette classe, on leur donne à traiter des matières de discours, tout ignorans qu'il sont des préceptes de l'art d'écrire. Qu'il me soit donc permis de regretter la suppression de la Narration en Seconde, que je regarde, non comme une répétition de la Troisième, mais comme une préparation, une transition à la classe supérieure.

Lorsque je rédigeai ce Traité, les élèves n'avaient entre les mains aucun ouvrage qui leur donnât les préceptes du genre de composition dans lequel ils devaient s'exercer. Les Rhétoriques même les plus complètes étaient insuffisantes; elles ne s'appliquaient pas spécialement à la Narration. Les Rhéteurs modernes, adoptant la définition des anciens, ne considéraient la Narration que comme le simple exposé du fait ou de la cause dans le plaidoyer, et la plaçaient ou dans l'exorde du discours ou immédiatement après. Il fallait donc indiquer aux élèves des règles pour les diriger dans un travail tout nouveau pour eux. Les Narrations qu'on leur donnait à composer devaient former un tout complet, et réunir parconséquent au plan et à l'ordonnance de l'ouvrage, toutes les qualités du style. C'était une amplification propre à développer leur imagination, et à les former à l'art d'écrire. Juvénal nous apprend qu'on exerçait la jeunesse romaine sur toute sorte de sujets dont le grandiose historique fournissait à l'écolier de brillans lieux communs, souvent reprouvés il est vrai par le goût, mais toujours susceptibles de développemens magnifiques, et où la palme restait à celui qui avait répandu une plus grande surabondance de sève. Le passage des Alpes, les succès et les revers d'Annibal, la chûte de Persée, la fin tragique de Sophonisbe, tel était le texte ordinaire sur lequel tous ces rhéteurs en herbe, brodaient d'interminables phrases et des périodes d'une effrayante dimension.

Je suis loin de blâmer, dans ceux qui commencent à écrire, cette superfluité de pensées et de mots qu'il est facile de réduire, à mesure que l'esprit acquiert de la maturité. Commençons par éveiller l'imagination de l'élève, par lui faire aimer le travail, il sera toujours temps de réformer ce que réprouvent le goût et la raison : mais si dès son début nous lui imposons des entraves, si nous réprimons l'essor de sa pensée, nous avons à craindre qu'il ne contracte une timidité, une défiance de lui-même, dont il aura peine à se défendre plus tard.

Toutefois, il faut l'accoutumer de bonne heure au joug des règles ; d'ailleurs elles l'aideront dans son travail, et lui ouvriront des sources d'idées auxquelles il ne songeait pas, en même temps qu'elles habitueront son esprit à ne pas marcher au hasard.

Pour compléter la théorie du style dont nous nous proposons surtout d'apprendre le mécanisme aux élèves, par l'exercice de la composition, j'ai ajouté à cette édition un extrait des Tropes de Dumarsais ; ayant eu soin d'abréger les longs développemens de ce savant rhéteur, et de choisir parmi les nombreux exemples qu'il cite à l'appui de ses préceptes. Son livre, étant, comme il le dit lui-même, destiné aux maîtres, m'a paru devoir être réduit pour les élèves auxquels *les longs ouvrages font peur*. Lorsqu'ils connaîtront les figures de rhétorique, les professeurs trouveront, soit dans le traité complet des tropes, soit dans l'explication des auteurs, de nombreux exemples.

Puisse cet ouvrage, composé dans l'intérêt de la jeunesse, obtenir l'approbation des maîtres chargés de la diriger dans ses études.

TRAITÉ
DE LA NARRATION.

INTRODUCTION.

La rhétorique, chez les anciens, comprenait les préceptes de l'art de parler et d'écrire, bien que l'étymologie du mot semblât la réduire à l'art oratoire.

Son but principal, dans nos classes, est d'enseigner les règles de la composition. C'est une théorie qu'il s'agit d'appliquer, par la pratique et l'exercice, à l'art d'écrire. Une fois que vous le posséderez, vous aurez bientôt acquis celui de parler. Ces deux facultés ne diffèrent entr'elles que par leurs procédés purement matériels, si je puis m'exprimer ainsi. En effet, le débit, le geste et l'action sont les seules nuances qui distinguent l'orateur de l'écrivain ; mais l'un et l'autre prendront pour guides les mêmes préceptes. Les mêmes règles doivent donc diriger la composition, qu'elle soit écrite ou improvisée.

Or, ce sont ces règles qu'il importe d'apprendre avant tout. Fixées par les meilleurs modèles, l'essentiel sera moins de les connaître de nom, que d'en saisir l'esprit et la propriété, que de s'attacher à en pénétrer les principes et les conséquences, pour les appliquer ensuite à la composition. Sans cette étude préparatoire, la théorie serait vaine et stérile.

Ne sortons point de notre sujet. La *narration parlée* suivra les mêmes procédés que la *narration écrite*. Seulement le récit, fait de plume, exige plus de soins que le récit oral. Ces répétitions de mots, ces phrases et ces tournures *triviales, communes, familières*, que l'on tolère chez l'improvisateur, doivent être interdites à l'écrivain; mais les faits et les pensées, c'est-à-dire le fonds, resteront toujours les mêmes.

Rien ne contribuerait plus à faciliter ce travail aux élèves, que s'ils commençaient par se faire ce simple raisonnement : « Chaque jour, et à toute heure, dans la conversation il nous arrive de narrer de vive voix : la marche que nous suivons alors est une et toute naturelle : eh bien ! pourquoi procéderions-nous autrement lorsqu'il s'agit de composer et d'écrire ? Observons seulement avec plus de rigueur l'ordre et l'enchaînement des idées ; amplifions et développons; travaillons plus soigneusement notre style, et nous ne tarderons pas à résoudre sans peine le problème de la *narration écrite*. »

Tous les arts ont leur type dans la nature,

l'art d'écrire surtout. C'est donc en adoptant
cette méthode sûre et invariable , c'est en
suivant la marche naturelle de l'intelligence
humaine que nous nous proposons de donner
les règles de la *narration*.

Pour les bien connaître , il faut se livrer à
un exercice préliminaire, celui de l'*analyse*.
Ce traité sera donc divisé en trois parties.
La première contiendra les règles de l'art
d'écrire appliquées à la *narration ;* la seconde,
les règles de l'*analyse* , suivies de quelques
modèles d'exercices, tels que ceux donnés
par Rollin et Le Batteux ; et la troisième ,
un abrégé des Tropes dont la connaissance
est indispensable pour la Composition.

PREMIÈRE PARTIE.

CHAPITRE PREMIER.

DE LA NARRATION.

La *Narration* est l'exposition d'un fait vrai ou supposé vrai (1). Il y a deux manières de faire connaître une action, l'une *simple*, quand on raconte les faits, l'autre *composée*, lorsqu'on met en scène des personnages, qu'on ajoute au récit des réflexions, des tableaux et des caractères, et que l'on prête à ses acteurs des harangues vraies ou vraisemblables.

Nous trouvons cette différence entre les Commentaires de César et les Annales de Tacite ; le premier ouvrage est pour ainsi dire le journal d'un grand et éloquent capitaine ; le second a traité l'histoire de son pays, en orateur, en philosophe et en politique.

C'est cette seconde manière d'envisager l'histoire, qui sert de modèle dans les colléges à l'élève qui compose une narration : il doit écrire autrement que l'annaliste. Plein de son sujet, les détails ne lui coûteront rien ;

(1) Aphthonius la définit, d'après les rhéteurs grecs, διήγημα; *sive* ἔκθεσις πράγματος γεγονότος ἢ ὡς γεγονότος, *id est, expositio rei factæ, vel tanquam factæ.*

il faut que les faits occupent en même temps sa mémoire et son jugement ; qu'une imagination sage et fleurie en fasse le récit, en déduise les causes, présente les réflexions avec clarté et simplicité, quelquefois avec feu, mais toujours avec goût, avec élégance ; alors la composition deviendra vraiment dramatique.

On pourrait, je crois, appliquer plus convenablement à la narration qui nous occupe, ce que l'on a dit de l'histoire : on l'a comparée à une galerie meublée d'une étoffe simple et bien assortie, et parsemée d'ornemens magnifiques, de tableaux, de statues, de vases précieux qui contrastent entre eux pour mieux faire ressortir leur beauté.

ARTICLE I.

Des différentes sortes de Narrations.

Le Batteux a distingué deux sortes de narrations que nous appellerons, d'après ce que nous venons de dire, *narration historique* et *narration poétique.* « Le récit, dit-il, est un exposé exact et fidèle d'un événement, c'est-à-dire un exposé qui rend tout l'événement, et qui le rend comme il est : car, s'il le rend plus ou moins, il n'est point exact ; et, s'il le rend autrement, il n'est point fidèle.

Celui qui raconte ce qu'il a vu, le raconte comme il l'a vu, et quelquefois comme il n'est pas; alors le récit est fidèle sans être exact.

« Tout récit est le portrait de l'événement qui en fait le sujet. Lebrun et Quinte-Curce ont peint tous les deux les batailles d'Alexandre. Celui-ci, avec des signes arbitraires et de convention, qui sont les mots; l'autre, avec des signes naturels et d'imitation, qui sont les traits et les couleurs. S'ils ont suivi exactement la vérité, ce sont deux historiens; s'ils ont mêlé du faux avec du vrai, ils sont poètes, du moins en la partie feinte de l'ouvrage : car le caractère du poète est de mêler le vrai avec le faux, avec cette attention seulement, que tout paraisse de même nature. »

ARTICLE II.

De la Narration en usage dans les classes.

La *narration* à laquelle on exerce les jeunes gens au collége, tient également des deux espèces que j'ai désignées plus haut. Quel que soit le sujet, le devoir de celui qni raconte, pour remplir l'attente de celui qui l'écoute, étant d'instruire et de plaire, il devra ne négliger aucune circonstance intéressante, ni aucun ornement oratoire

... de rendre le récit agréable au lecteur.

ARTICLE III.

Quelles règles s'y rapportent.

La *narration* dont il est ici question, de quelque étendue qu'elle soit, doit former un tout complet ; nous y rapporterons toutes les règles de l'art d'écrire, parce qu'elle les comprend toutes ; ce n'est plus la narration que les rhéteurs font dépendre du discours et qu'ils placent après l'exorde ; c'est un ouvrage à part, dans lequel entre quelquefois le discours, soit direct, soit indirect, comme partie dépendante et non principale : elle réunit donc l'*invention*, la *disposition*, l'*élocution*.

Telles sont les trois opérations de l'élève en traitant un sujet qui lui est proposé. Examinons-les par ordre et séparément.

CHAPITRE II.

DE L'INVENTION.

L'*Invention* est cette faculté de l'esprit qui découvre, saisit, choisit, développe les pensées et les images convenables au sujet que l'on doit traiter ; elle consiste à composer un tout idéal, intéressant et nouveau d'un assemblage de choses connues ; ou à donner à un tout préexistant, une vie, une grâce, une béauté nouvelles. *Inventer* c'est combiner diversement nos perceptions, nos affections ; ce qui se passe au milieu de nous, autour de nous, en nous-mêmes. Ce qu'il y a de plus difficile dans l'*invention*, c'est le choix : la nature est présente à tous les hommes, et presque la même à tous les yeux : voir n'est rien, discerner est tout, et l'avantage de l'homme supérieur sur l'homme médiocre est de mieux saisir ce qui lui convient.

Le sujet une fois indiqué, il s'agit de le développer ; il le sera avec plus ou moins de fécondité selon le caractère des esprits aux quels on s'adressera. Tout paraît stérile à des esprits lents et paresseux ; mais, pour des esprits vifs et appliqués, l'idée première, qu'on peut appeler *mère* puisque toutes les autres doivent en découler, deviendra une mine riche et féconde, qu'ils creuseront jusque dans ses entrailles, pour en arracher les trésors qu'elle renferme.

Cependant, comme le feu de l'imagination, et l'inexpérience inséparable de la jeunesse, l'empêchent le plus souvent, au milieu de toutes ces pensées qui s'offrent en foule à son esprit, de saisir les seules convenables au développement du sujet, il est

nécessaire de guider par des règles de convention l'élève, qui presque toujours marche
sans ordre et sans goût. Nous indiquerons
donc dans l'*invention*, quatre qualités : la
vérité et la *vraisemblance*, l'*utilité* et la
dépendance.

ARTICLE I.

De la Vérité.

Si le fait est vrai, l'auteur n'a pas deux
partis à prendre ; il faut qu'il suive l'histoire,
c'est-à-dire qu'il n'admette aucune circonstance qui ne soit, dans le fond au moins,
conforme à ce qu'ont rapporté les historiens. Leur déposition étant, à cet égard,
la règle de notre croyance, ce qui peut être
contraire à cette déposition ne saurait être
admis. Ainsi, la *vérité* sera l'âme du récit
historique. Elle s'appliquera non seulement
aux faits, mais encore aux pensées, je veux
dire aux discours qu'on pourrait introduire
dans la narration, quand ces discours exis-
teront : ce qui, toutefois, n'obligera pas
toujours de les rapporter, comme nous le
verrons plus tard. Si les caractères et les
faits sont connus, on ne peut se permettre
de les modifier, qu'autant que cette modification n'est pas sensible : on peut bien
ajouter aux vertus et aux vices quelques

* 1

coups de pinceau plus hardis et plus forts ;
on peut les adoucir, les déguiser, effacer
quelques traits ; mais on ne saurait altérer le
fond de la vérité, en changeant les événemens et dénaturant les hommes : ce n'est
qu'à la faveur de l'obscurité ou du silence
de l'histoire, que l'imagination, n'étant plus
gênée par la notoriété des faits, peut les
exposer à son gré ; car alors la vérité muette
laisse carrière à l'illusion.

ARTICLE I I.

De la Vraisemblance.

Une règle non moins importante à observer, en traitant un sujet quelconque, c'est
celle de la *vraisemblance*. En effet, on ne
saurait être touché de ce qu'on ne croit pas.

Aut famam sequere aut sibi convenientia finge.

Le *vraisemblable* est la représentation du
vrai ; il varie avec la nature et les circonstances qui l'offrent souvent sous des faces
différentes : cette image est quelquefois sans
réalité, quelquefois aussi la réalité est dé-
pouillée de cette image : c'est dans ce sens
que Boileau a dit :

Le vrai peut quelquefois n'être pas vraisemblable.

C'est d'après ce principe que l'on prend pour
vraies ou vraisemblables des choses qui ne le

parle qu'on se laisse tromper par
apparences, on entraîner par l'autorité.

Dans la narration, la *vraisemblance* est
la possibilité d'un fait selon les circonstances
où il est placé; ce qui est impossible en ces
circonstances, ne saurait paraître vraisemblable; on entend ici par impossible non ce
qui est au-dessus des forces humaines,
mais ce qui n'a pu arriver en se prêtant
à toutes les suppositions raisonnables.

Le *vraisemblable* produit dans la littérature des beautés qui flattent autant l'esprit,
que les ordres de l'ancienne architecture
bien exécutés sont agréables aux yeux. Tout
ce qui s'éloigne du *vraisemblable* peut bien
joindre à la rapidité des idées, la vivacité des
images, la richesse de l'expression, l'énergie
du sentiment; mais toutes ces beautés ne
plaisent jamais qu'à des esprits qui préfèrent
le brillant au solide, le merveilleux au sublime, et le bizarre au raisonnable.

La *vraisemblance* dans les récits historiques, regarde moins les faits que les pensées
et les sentimens. Ainsi, les réflexions que
tirera des faits celui qui les raconte, devront
être vraisemblables, c'est-à-dire qu'il faudra
que ceux qui les liront puissent dire: j'aurais
pensé de même. Si le narrateur n'exposait le
fait que sèchement, il n'intéresserait pas;
mais si, d'après un caractère connu, il prête

à tel ou tel personnage, les idées, les sentimens, le langage qui lui sont propres, son
récit nous plaît et nous charme. Tite Live
possède cet avantage. Ses narrations abon-
dent en réflexions de cette sorte. Il nous
donne des modèles de la *vraisemblance*,
dans les récits historiques, lorsqu'il les
sème de discours, soit directs, soit indi-
rects.

Outre les beautés particulières qui peuvent
résulter de l'introduction des discours dans
la narration, ils y produisent, ce me semble, des effets très-heureux; en même temps,
qu'ils mettent de la variété dans le récit, ils
le rendent plus animé, plus intéressant,
plus dramatique, et en font une véritable
scène où nous entendons parler, où nous
voyons agir chaque personnage.

A n'examiner le discours que sous le rapport de la *vraisemblance*, il faut qu'il puisse
avoir été tenu dans le sens et pour l'objet
auquel l'applique l'historien; qu'il soit de
plus conforme au caractère de celui qui a dû
le prononcer, aux circonstances qui l'ont fait
naître, et à l'esprit du siècle dans lequel a
vécu le personnage. Tels sont, dans Salluste,
les discours de Marius contre la noblesse, et
de César en faveur des complices de Catilina.

Dans un récit dont le fond est supposé,
les bornes de la *vraisemblance* sont moins

étroites pour l'écrivain. On n'a rien à lui
reprocher si les circonstances du fait qu'il
rapporte, ou plutôt qu'il imagine, sont telles
qu'elles aient pu arriver raisonnablement.
Nous réglons alors notre croyance sur la possibilité. On conçoit qu'il est très-difficile de
fixer les limites de cette *vraisemblance* :
les seuls guides à cet égard sont le goût et
l'expérience. Ces règles de la *vraisemblance*,
appliquées aux faits, s'appliqueront également aux réflexions et aux discours.

ARTICLE III.

De l'Utilité.

Le champ de l'histoire est très-vaste ; il
ne suffit pas qu'une circonstance soit vraie
pour la rapporter ; il faut examiner si elle
est *utile*, c'est-à-dire, si elle contribue à
l'intérêt et à l'agrément des lecteurs. Pour
atteindre ce but, l'écrivain se placera dans
le vrai point de vue de son ouvrage, et
examinera les proportions de chaque objet,
dans son tableau, selon les lois de la per-
spective. S'il encadre avec adresse tous les
événemens, qu'il mette sous les yeux des
tableaux intéressans et les plus propres à
piquer la curiosité, s'il rejette les détails
minutieux et qu'il sache établir une distinction entre les rumeurs incertaines et les

faits avérés ; alors il aura rempli la condition
de l'*utilité*.

J'applaudis à l'esprit philosophique qui
guide le narrateur, mais que cet esprit ne
l'obsède pas au point de faire de sa narration un discours moral, en entassant une
foule de maximes qui la rendraient froide et
languissante. Il y a telle circonstance qu'il
faut développer, telle autre qu'il faut se
contenter d'esquisser légèrement. Une description, un parallèle, utiles dans tel endroit,
ne le seront pas dans tel autre. Ainsi, dans
Tite-Live, la comparaison des Horaces et des
Curiaces avec deux grandes armées dont ils
portent les sentimens, est utile parce qu'elle
est inhérente au sujet; elle est non seulement bien placée, mais elle donne encore de
l'importance à ce combat. Les six combattans
ne représentaient-ils pas, en effet, deux
grands peuples? N'étaient-ils pas chargés de
défendre les intérêts publics ? Ici Tite-Live
se montre surtout éloquent : d'un trait historique il fait une image oratoire.

Ce précepte de l'*utilité* s'applique encore
aux discours et aux réflexions. Ainsi, le
même auteur ajoute avec autant de justesse
que d'élégance : « *Nec his, nec illis periculum
suum ; publicum imperium servitiumque ob-
versantur animo, futuraque ea deinde patriæ
fortuna, quam ipsi fecissent.* »

ARTICLE IV.

De la Dépendance.

La *dépendance* est la liaison et la succession des faits, la suite des idées et des sentimens, qui, pour être conformes à la nature, doivent avoir une marche régulière. Des incidens détachés l'un de l'autre, ou maladroitement liés, n'auraient aucune vraisemblance ; ils doivent naître successivement : c'est la continuité de la chaîne qui produit l'unité.

La *dépendance* consiste encore à ne pas remonter trop haut quand on doit raconter un fait historique, mais à mettre de suite le lecteur, comme dit Horace, au milieu du sujet ; à n'ajouter d'ornemens que ceux qui s'y rattachent. Un défaut dans lequel tombent presque tous les commençans, c'est de faire de longues descriptions de batailles, de tempêtes, etc. ; enfin, d'abuser de tous les lieux communs, pour peu que le sujet leur en fournisse l'occasion ; c'est pécher contre la *dépendance*, si le récit ne comporte pas ces développemens.

Supposons qu'ils aient à raconter la prise d'Albe ; loin d'imiter la précision de Tite-Live qui, dès le début, montre les cavaliers romains s'emparant de toutes les issues de la

ville, ils remonteraient peut-être à la fon-
dation de cette cité, rivale de Rome, ne se
faisant pas scrupule d'évoquer les mânes de
Procas et de Numitor, qui furent les aïeux
de Romulus.

CHAPITRE III.

DE LA DISPOSITION.

La *Disposition* consiste à réunir et à combiner les idées fournies par l'*invention*, afin
d'en former un ensemble régulier et méthodique.

Pour montrer l'importance de ce travail,
nous citerons le mot de Ménandre : on lui
demandait, à l'approche d'une fête où il
devait donner une comédie nouvelle, si sa
pièce serait finie à temps : « *Elle est achevée,*
répondit-il ; *je n'ai plus que les vers à faire.* »

ARTICLE I.

Préparation à la Disposition.

« C'est faute de plan, dit Buffon, c'est
pour n'avoir pas assez réfléchi sur son objet,
qu'un homme d'esprit se trouve embar-
rassé, et ne sait par où commencer à écrire ;
il aperçoit à la fois un grand nombre d'idées ;
et, comme il ne les a ni comparées, ni subor-
données, rien ne le détermine à préférer

les unes aux autres ; il demeure donc dans la perplexité. Mais, lorsqu'il se sera fait un plan, lorsqu'une fois il aura rassemblé et mis en ordre toutes les pensées essentielles à son sujet, il s'apercevra aisément de l'instant où il doit prendre la plume ; il sentira le point de maturité de la production de l'esprit, il sera pressé de la faire éclore, les idées se succéderont aisément, et le style sera naturel et facile. »

Avant de se mettre à écrire, il faut donc posséder pleinement son sujet ; y avoir assez réfléchi pour trouver l'ordre dans lequel on présentera ses pensées ; y mettre de la suite, et en former une chaîne continue.

ARTICLE II.

Ordre à suivre dans la Disposition.

Si l'on nous demande des préceptes positifs sur l'ordre, la distribution et la méthode qu'il faut adopter, nous répondrons qu'il est bien difficile de donner à cet égard des règles invariables. Chacun doit consulter son jugement, que nous supposons sain ; considérer le sujet qu'il traite, la fin qu'il se propose, et disposer ensuite son travail dans l'ordre qui lui semblera le plus propre à atteindre son but. La marche doit en être naturelle : toutefois voici quelques réflexions

que le bon sens suggère à cet égard, et qui
pourront guider les élèves. Il faut, 1° avoir
le commencement, le milieu et la fin de
son ouvrage, pour être plus sûr de l'ensemble ; 2° le circonscrire, c'est-à-dire
en bien marquer l'étendue et les limites ;
3° s'emparer de l'attention du lecteur ; la
première impression étant souvent décisive :
si l'on a le talent de piquer sa curiosité dès
le début, il continuera volontiers une lecture qui lui promettra du plaisir ; 4° ménager
la progression de l'intérêt ; pour y parvenir,
on devra aller du connu à l'inconnu, du
faible au fort, et réserver pour la fin ce
qu'il y aura de plus frappant. En effet, il
faut se souvenir que l'attention a besoin
d'un aliment continuel, et que c'est un feu
qui s'éteint, s'il ne s'augmente. Mais encore
une fois, il est aisé de sentir que ces préceptes doivent se modifier à l'infini dans
leur application aux sujets si divers que présente la narration.

ARTICLE III.

Des Transitions.

Comme il est nécessaire de bien lier entre
elles toutes les parties d'un ouvrage quelconque, il faudra, dans la narration,
enchaîner les détails du fait principal et

les idées qui servent à son développement, de manière à ce que le passage de l'une à l'autre ne soit ni brusque ni pénible, mais facile, et, pour ainsi dire, imperceptible. Cet art de préparer, d'amener ce qui doit suivre, de passer habilement d'une idée à une autre, est ce qu'on appelle *transition* : c'est un des points les plus délicats de l'art d'écrire. Pour connaître l'art des *transitions*, on fera bien d'analyser quelques narrations de nos grands maîtres : cet examen vaut mieux que tous les préceptes à .cet égard.

CHAPITRE IV.

DE L'ÉLOCUTION.

L'*élocution*, en général, est l'expression de la pensée par la parole ; dans un sens particulier, l'*élocution* se prend pour cette partie de la rhétorique qui traite du style : elle est à l'éloquence ce que le coloris est à la peinture. L'imagination du peintre invente d'abord les principaux traits du tableau ; son jugement met ensuite chaque partie à sa place ; mais le coloris lui est nécessaire pour animer tout l'ouvrage, donner aux objets de l'éclat et rendre l'expression parfaite. De

même, dans l'éloquence, le fond est dans
les choses et les pensées, l'ordre et la distribution forment le dessin et les contours ;
mais l'*élocution* achève l'ouvrage de l'invention et de la disposition, et donne à la
narration l'âme, la vie, la grâce et la
force.

ARTICLE I.

De l'importance de l'élocution dans la Narration.

Telle est l'importance de l'*élocution*,
qu'on pourrait dire que c'est elle qui con-
stitue particulièrement l'*art d'écrire*. « Presque toutes les choses qu'on dit frappent
moins que la manière dont on les dit, car
les hommes ont à peu près les mêmes idées
de ce qui est à la portée de tout le monde.
L'expression, le style fait toute la différence. » Les règles de cette dernière partie
de la rhétorique sont plus positives que celles
des deux autres. Les personnes qui ont même
le plus de sens et de goût ont besoin d'être
averties d'une infinité de petits détails qui
échappent aux yeux ordinaires, et d'où
résulte cependant tout l'effet de l'éloquence,
ainsi nommée, non à cause de l'invention
et de la disposition qui en sont la base,
mais à cause de l'élocution qui semble seule

agir plus que tout le reste sur l'esprit de ceux qui lisent ou écoutent. C'est à l'*élocution* que la narration devra son principal mérite. Quel serait, en effet, l'intérêt d'un récit réduit à sa plus simple expression ? Prenons, par exemple, celui du combat des Horaces et des Curiaces, si bien analysé par Rollin. Croit-on que, sans les beaux développemens de Tite-Live, le lecteur puisse prendre un aussi grand intérêt à ce combat singulier. Tel est l'art de l'historien, que les pensées et les images dont il a enrichi sa narration frappent si vivement l'esprit, qu'on croit, non pas lire, mais voir l'action, y assister et prendre part soi-même aux differens mouvemens qui agitent les acteurs de cette scène. C'est là le prestige de l'éloquence ; mais, pour reproduire à son tour ces effets dus au style, il faut en connaître les qualités.

ARTICLE II.

Division des qualités du Style.

Nous distinguons dans le style les qualités *générales* et les qualités *particulières*. Les premières sont celles qui constituent son essence : elles sont invariables ; les secondes varient suivant la différence des sujets.

CHAPITRE V.

DES QUALITÉS GÉNÉRALES DU STYLE.

Les *qualités générales du style* sont indispensables dans tout genre d'ouvrage; l'étude de la langue et l'habitude d'écrire les donnent presque infailliblement; ces qualités sont au nombre de six : la *correction*, la *clarté*, la *précision*; le *naturel*, la *noblesse*, et l'*harmonie*.

ARTICLE I.

De la Correction.

La *correction* consiste à s'exprimer purement : pour écrire purement, il faut joindre à la connaissance de la grammaire la lecture des bons écrivains : faite avec soin et discernement, elle nous apprendra la propriété des expressions, et les tours de phrases que l'usage aura consacrés : de cette étude résultera la pureté, qu'il ne faut pas confondre avec le purisme, qui est l'affectation d'une pureté minutieuse dans le langage et par conséquent un défaut : la plupart des élèves se trompent sur la signification propre et naturelle des mots : pour la connaître, il

faut recourir à l'étymologie : ainsi ils con-
fondront *reus* et *nocens ; crimen, scelus,
facinus, tutus* et *securus*. Pour éviter de
tomber dans l'erreur, ils doivent consulter
avec soin leurs dictionnaires, quand ils ne
sont pas sûrs de la véritable signification du
mot qu'ils veulent employer; ils doivent aussi
rejeter les expressions inusitées, ou rarement employées, comme *sperare dolorem :*
Quintilien reproche à Virgile cette alliance
de mots. La correction consiste aussi, avant
tout, à éviter les locutions vicieuses, telles
que barbarismes et solécismes. Justin, dont
le style est toujours pur et correct, appuiera
ce précepte : « *Non habentibus Spartanis
leges instituit Lycurgus, non inventione
earum quàm exemplo clarior; si quidem
nihil lege ullâ in alios sanxit cujus non
in se primus documenta daret :* » On peut
remarquer, dans cette citation, combien
le choix des mots ajoute à la pensée.

ARTICLE II.

De la Clarté.

La *clarté* dans le style dépend surtout
de la propriété des mots : pour être clair, il
faut éviter les termes équivoques, les con-
structions embarrassées, les périodes trop

longues , les phrases où le sens serait long-
temps suspendu ; avant d'écrire , il faut se
bien entendre , et se proposer d'être bien
entendu : on croirait ces deux règles inutiles
à prescrire ; rien de plus commun cependant
que de les voir négliger. On prend la plume
avant d'avoir démêlé le fil de ses idées , et
leur confusion se répand dans le style.

Le désir de paraître fin , délicat, profond,
nuit souvent à la *clarté :* ce n'est pas à dire
pour cela qu'il faille renoncer à s'exprimer
d'une manière neuve, ingénieuse et piquante;
il faut seulement la concilier avec la *clarté :*
quoi de plus clair (pour citer un exemple
entre mille)', que cette phrase de Tite-Live :
« *Princeps Horatius ibat , tergemina spolia
præ se gerens : cui soror , virgo , quæ des-
ponsa uni ex Curiatiis fuerat , obvia antè
portam Capenam fuit : cognitoque super
humeros fratris paludamento , quod ipsa
confecerat, solvit crines , et flebiliter nomine
sponsum mortuum appellat.* »

Ces deux qualités (*correction* et *clarté*) ,
qu'on peut appeler grammaticales , sont les
plus importantes dans la composition ; elles
distinguent les bons écrivains. Loin d'être
toujours à côté de l'idée qu'ils veulent
présenter , ils la rendent et la font saisir
avec justesse par une expression propre.

ARTICLE III.

De la Précision.

La *précision* consiste à exprimer la pensée avec le moins de termes qu'on peut, et avec les termes les plus justes ; cette qualité est surtout essentielle à la narration ; elle en rend la marche rapide et semblable à celle de l'esprit toujours curieux de connaître : «*Soyez précis*, dit Horace, *afin que les esprits saisissent promptement, et retiennent facilement ce que vous dites.*» Le mérite de la *précision* tient à la justesse de l'esprit : il s'acquiert aussi par la réflexion ; plus on a médité son sujet, plus on est précis. On connaît le mot de Pascal, qui s'excusait d'avoir manqué de précision dans une lettre, sur ce qu'il n'avait pas eu le temps de la faire plus courte.

Tacite nous offre beaucoup de modèles d'une élégante précision, entr'autres, dans cette phrase de la vie d'Agricola : « *Dedimus profectò grande patientiæ documentum, et sicut vetus ætas vidit quid ultimum in libertate esset, ità nos quid in servitute, adempto per inquisitiones et loquendi audiendique commercio : memoriam quoque ipsam cum voce perdidissemus ; si tàm in nostrâ potestate esset oblivisci quàm tacere.* » Il ne faut pas peu d'art pour exprimer un certain nombre de pensées par le plus petit nombre possible de mots : il y a deux écueils à éviter, l'obscurité et la sécheresse.

La *précision* ne peut produire son effet qu'autant qu'elle est unie à la plus grande clarté : elle n'exclut ni la richesse , ni les agrémens du style ; mais la *précision* de l'orateur et du poète n'est pas celle du philosophe et de l'historien, quoique le principe soit le même pour tous deux, savoir, d'aller droit au but.

Au syle précis est opposé le style diffus, qui consiste à dire peu en beaucoup de mots ; on blâme dans Ovide ce vers qui présente un pléonasme :

Omnia pontus erant, deerant quoque littora ponto.

Des critiques ont reproché à Cicéron d'être quelquefois verbeux.

ARTICLE IV.

Du Naturel.

Le *naturel* consiste à rendre une idée , une image, un sentiment sans effort et sans apprêt. On entend par *naturel*, un caractère particulier du style, où règne une simplicité modeste également éloignée de la négligence et de la recherche, une élégance familière, une heureuse facilité à s'exprimer sans contrainte : c'est la vérité des expressions, des images, des sentimens, mais une vérité parfaite qui paraît n'avoir coûté à l'écrivain aucune peine ; la moindre affectation détruit le *naturel ;* dès qu'une expression recherchée, une image forcée, un sentiment exagéré se présentent, il disparaît. Un obstacle au *naturel*, c'est l'uniformité de la symétrie, et l'affectation de l'esprit. Un écrivain cessera encore d'être naturel s'il s'étudie à reproduire trop exactement la manière des grands maîtres : la nature veut que nous peignions les objets comme nous les voyons.

Tout ouvrage qui manque de *naturel* est privé du don de plaire ; rien n'est plus opposé au *naturel* que la peine qu'on se donne pour exprimer des choses ordinaires ou communes d'une manière singulière ou pompeuse ; que l'emploi continuel du langage figuré, et surtout l'abus des antithèses.

Le *naturel* est le fruit d'un jugement sain et d'un goût exercé ; les jeunes gens qui commencent à écrire sont sujets aux défauts opposés ; ils tombent dans l'exagération, dans l'affectation ; ils se mettent l'esprit à la torture, au lieu d'être simples et naturels.

Le *naturel* peut se remarquer à chaque instant dans la narration des anciens : je ne citerai qu'un passage de Justin.

« *Duodecim adolescentes , quorum erat dux Pelopidas , cùm Athenis interdiù exiissent , ut , vesperascente cœlo , Thebas possent pervenire ; cum canibus venaticis exierunt , retia ferentes , vestitu agresti , quò minore suspicione facerent iter.* »

ARTICLE V.

De la Noblesse.

La *noblesse* consiste à éviter les idées populaires et les termes bas ; il est une marque infaillible pour voir si , dans les anciens , un tour , une image , une comparaison , un mot , sont nobles ou ne le sont pas , c'est l'exemple et le témoignage des bons écrivains. La *noblesse* du style a dû varier dans ses degrés et dans ses nuances, selon les temps , les lieux , les mœurs et les usages. Cependant il y a dans la nature une foule d'objets d'un caractère si marqué ou de grandeur ou de bassesse , que l'expression propre en est essentiellement noble ou basse chez tous les peuples. Dans ce dernier cas l'écrivain , obligé par son sujet d'exprimer une idée commune , au lieu d'employer le terme propre , se sert d'une périphrase , ou , par un art délicat de placer ou d'assortir les mots , nous fait oublier ce qu'il y a de trivial dans la pensée ou dans l'expression :

ainsi, la *noblesse* s'allie très-bien à la simplicité.

Quand Justin oppose à la civilisation des
Grecs les mœurs des Scythes, sa phrase
preud un caractère de noblesse qui tient au
sujet : «*Prorsùs ut admirabile videatur, hoc
illis naturam dare quod Græci longá sapien-
tium doctriná præceptisque philosophorum
consequi nequeunt, cultosque mores incultæ
barbariæ collatione superari : tantò plùs in
illis proficit vitiorum ignoratio quàm in his
cognitio virtutis.* »

Le début de la vie d'Agricola nous offre
aussi un modèle de style noble.

ARTICLE VI.

De l'Harmonie.

L'*harmonie* du style résulte du choix et
de l'arrangement des mots. Les principes de
l'*harmonie* doivent être dans la nature ;
chaque pensée a son étendue, chaque image
son caractère, chaque mouvement de l'âme
son degré de force et de rapidité. Tantôt
la pensée est comme un arbre touffu dont
les branches s'entrelacent : elle demande le
développement de la période ; tantôt les
traits de lumière dont l'esprit est frappé
sont comme autant d'éclairs qui se succèdent

rapidement : le style coupé devient alors nécessaire.

Tels sont les effets de *l'harmonie*, que souvent ils dissimulent ou rachètent la faiblesse du fond. Toutefois il ne faut pas que *l'harmonie* se borne au plaisir de l'oreille ; autrement elle se réduirait à de vains sons qui ne laisseraient aucune trace dans l'esprit. L'écrivain doit s'occuper avant tout de la pensée et des moyens de la rendre convenablement. Il doit se livrer aux mouvemens de son âme ; s'il possède bien son sujet, qu'il ait du goût, une oreille délicate et juste, son style peindra sans qu'il s'en aperçoive, et l'expression viendra d'elle-même s'accorder avec la pensée.

Celui qui s'occuperait trop, en écrivant, de *l'harmonie mécanique*, qui consiste uniquement dans les mots considérés comme sons ; pour en former *l'harmonie imitative*, qui consiste dans le rapport des sons avec les objets qu'ils expriment ; celui-là, dis-je, ne connaîtrait pas plus l'art de la composition que ceux qui songent à faire l'emploi d'une figure de rhétorique avant d'avoir songé à leur idée. Ce serait méconnaître le génie que de penser que nos grands écrivains se sont occupés minutieusement à chercher les effets de *l'harmonie* : ils leur sont venus d'inspiration.

Nous pourrions multiplier à l'infini les exemples d'*harmonie* dans la prose, car les poètes ne sont pas les seuls qui en possèdent le secret; nous ne citerons que le passage de Tite-Live, dans le récit de la condamnation du jeune Manlius. L'auteur latin rend d'une manière pittoresque et harmonieuse la chûte du cheval de Métius.

« *Ad vulneris sensum cùm equus prioribus pedibus erectis magnâ vi caput quateret, excussit equitem : quem cuspide parmâque innixum attollentem se ab gravi càsu Manlius ab jugulo, ità ut per costas ferrum emineret, terræ affixit.* »

On pourrait rapprocher ces circonstances de celles du combat d'Enée contre Mézence, dans Virgile.

CHAPITRE VI.

DES QUALITÉS PARTICULIÈRES DU STYLE.

Les qualités générales du style sont invariables : partout il doit être correct, clair, précis, naturel, noble, harmonieux; mais les qualités particulières varient suivant la nature des sujets qu'on traite, ou des objets qu'on veut peindre. Nous n'examinerons les *qualités particulières* du style que relativement à la narration.

Ces qualités sont l'*élégance*, la *richesse*, la *finesse*, la *délicatesse*, le *familier*, l'*énergie*, la *véhémence*, la *magnificence*.

ARTICLE I.

De l'Élégance.

L'*élégance* du style suppose la correction, la justesse, la pureté de la diction ; c'est-à-dire la fidélité la plus sévère aux règles de la langue, au sens de la pensée, aux lois de l'usage et du goût ; elle exige en outre une liberté noble, un air facile et naturel, qui, sans nuire à la correction, déguise l'étude et la gêne.

L'écueil à éviter, c'est la langueur et la mollesse ; il ne faut pas, par une trop grande recherche de l'élégance, énerver soit le sentiment soit la pensée : l'élégance trouve surtout sa place là où il s'agit d'exprimer des détails communs ; c'est alors que le tour et l'expression doivent relever ce qu'il y a de bas et de trivial dans les idées.

Fléchier, dans l'oraison funèbre de Marie Thérèse d'Autriche, déguise par l'élégance de la phrase tout ce que présentait de rebutant la description de l'hospice où la reine de France allait porter des paroles de con- solation.

Nous remarquerons l'élégance dans Quinte- Curce quand il nous montre Alexandre quittant ses vêtemens en présence de son armée, pour se baigner dans le Cydnus. « *Pulvere ac sudore simul perfusum regem invitavit liquor fluminis ut calidum adhuc corpus ablueret. Itaque veste depositá in conspectu agminis (decorum quoque futurum ratus si ostendisset suis levi ac parabili cultu corporis se esse contentum) descendit in flumen.* »

Dans ce passage où Tite-Live peint la détresse d'un citoyen Romain, dont l'exté- rieur hideux fait éclater le mécontentement et excite le peuple à la révolte. « *Obsita erat squalore vestis, fœdior corporis habitus, pallore ac macie perempti. Ad hoc pro- missa barba et capilli efferaverant speciem oris.* »

ARTICLE II.

De la Richesse.

La *richesse* du style est l'abondance unie à l'éclat; on la reconnaît à l'affluence ména- gée des pensées brillantes, des images vives, des figures hardies, de tours nombreux : mais il y a une abondance stérile; c'est quand

* 2

les pensées solides et justes ne forment pas
le fond du style. La *richesse* ne doit jamais
dégénérer en luxe ; un ouvrage où tout
frappe et éblouit fatigue bientôt, parce qu'il
est difficile que la recherche ne s'y fasse pas
sentir, et que l'ostentation déplaît.

On remarque surtout la richesse du style
dans les descriptions et les tableaux ; c'est
alors que l'écrivain, pour faire image, substitue aux expressions simples les expressions
figurées ; j'en donnerai pour exemple ce passage de la marche pompeuse de Darius, dans
Quinte-Curce : « *Die jàm illustri, signum è
tabernaculo regis buccinâ dabatur : super
tabernaculum, undè ab omnibus, conspici
posset, imago solis crystallo inclusa fulge-
bat, etc.* »

Le style de Tite-Live est riche quand il
énumère les moyens de défense fournis par
Manlius, accusé de prétendre au pouvoir
suprême : « *Ad hæc, decora quoque belli
non commemorasse tantùm, sed protulisse
etiam conspicienda, spolia hostium cæso-
rum ad triginta, dona imperatorum ad
quadraginta ; in quibus insignes duas
murales coronas, civicas octo.....nudasse
pectus insigne cicatricibus bello acceptis,
et identidem Capitolium spectans, Jovem
deosque alios devocasse ad auxilium for-
tunarum suarum, etc.* »

ARTICLE III.

De la Finesse.

La *finesse* est tantôt celle de la pensée, tantôt celle de l'expression, quelquefois l'une et l'autre. La *finesse* du style consiste à laisser deviner une partie de sa pensée ; employée avec ménagement, elle est d'autant plus agréable, qu'elle exerce et fait valoir l'intelligence des autres. Toutefois, on doit être sobre et circonspect dans l'usage de la *finesse* ; rien n'est plus opposé à la véritable éloquence que l'emploi de ces pensées fines, et la recherche de ces idées légères et délicates, sans consistance, et qui, comme la feuille du métal battu, ne prennent de l'éclat qu'en perdant de la solidité ; l'affectation de ce genre d'écrire est le défaut dominant de Sénèque : souvent aussi, à force d'être fin, on devient obscur.

Je donnerai, dans Tite-Live, comme exemple de finesse, l'exorde du discours de Camille exilé chez les Ardéates : « *Ardeates, veteres amici, novi etiam cives mei, quandò et vestrum beneficium ità tulit et fortuna hoc egit mea ; nemo vestrùm conditionis meœ oblitum me huc processisse putet.* »

Et cette phrase de Persée, accusant auprès

de son père son.frère Démétrius : « *Si gra-*
dum , si caritatem filii apud te haberem ,
non in me querentem deprehensas insidias ,
sed in eum qui fecisset , sævires : nec adeò
tibi vilis vita esset nostra , ut nec præte-
rito periculo meo movereris , neque futuro ,
si insidiantibus sit impunè. »

Il ne faut pas confondre la *finesse* avec
les *finesses du style.* On appelle *finesses* du
langage , ses élégances les plus exquises , ses
nuances les plus délicates , les tours , les
ellipses , les licences qui lui sont propres ,
les tons variés dont il est susceptible , les
caractères qu'il donne à la pensée par le
choix , le mélange , l'assortiment des mots.

ARTICLE IV.

De la Délicatesse.

La *délicatesse.* Il y a deux sortes de sagacité , celle de l'esprit , et celle de l'âme : à
la sagacité de l'esprit appartient la finesse ; à
la sagacité de l'âme appartient la *délicatesse*
du sentiment. La *délicatesse* de l'expression
consiste à imiter celle du sentiment ou à la
ménager : ce sont là ses deux caractères.
Pour imiter la *délicatesse* du sentiment,
il suffit que l'expression soit naïve et simple ;
pour la ménager , elle doit être détournée :

on désire être entendu, et l'on craint de se faire entendre. Ainsi, l'expression est pour la pensée, ou plutôt pour le sentiment, un voile léger et trompeur qui rassure l'âme, et qui la trahit. La *délicatesse* est toujours bien reçue à la place de la *finesse* ; mais la *finesse*, à la place de la *délicatesse*, manque de naturel, et refroidit le style : c'est souvent le défaut d'Ovide.

Voici des exemples de *délicatesse* : dans Quinte-Curce, lorsqu'il fait dire à Alexandre relevant Sisigambis qui s'était trompée en prenant Héphestion pour lui : « *Non errasti, mater, nàm et hic Alexander est.* » Dans cette phrase de Pline à Trajan qui avait refusé long-temps le titre de père de la patrie, et qui ne voulut le recevoir que quand il crut l'avoir mérité : « *Soli omnium contigit tibi, ut pater patriæ esses, antequàm fieres.* » Dans Tite-Live, lorsque Scipion dit à Allucius, dont on lui avait amené la fiancée : « *Juvenis juvenem appello, quò minor sit inter nos hujus sermonis verecundia.* » Dans Tacite, en parlant d'Agricola : « *Integritatem atque abstinentiam in tanto viro refere, injuria virtutum fuerit.* »

ARTICLE V.

Du Familier.

Le *familier* dans le style s'entend du langage usité par le monde cultivé et poli, opposé au langage du peuple, d'où est pris le style bas. Le caractère de ce style doit être la simplicité ; c'est le ton de la conversation habituelle, employé par l'écrivain. Les lettres de Cicéron, les épîtres d'Horace, les lettres de madame Sévigné, et les fables de La Fontaine, nous offrent des modèles du style *familier*.

Les détails suivans sont du style *familier*. Dans Tite-Live, quand il parle des occupations de Cincinnatus : « *L. Quintius, trans Tiberim, contrà eum ipsum locum ubi nunc navalia sunt, quatuor jugerum colebat agrùm, quæ prata Quintia vocantur. Ibi ab legatis seu fossam fodiens palæ innixus, seu cùm araret, operi certè, id quod constat, intentus, etc.* » Dans ce passage du même auteur, où il parle de la maison de Curius : « *Cui villæ cùm vicina prædia senior Cato possideret, eò ventitabat crebrò, tenuemque casam et rusculum quod vir tantus, post tres triumphos, manibus suis foderat, cum reeordatione vitæ abstinentissimè actæ contem-*

*platus , animum ad parem constantiam ,
antiquæ simplicitatis et virtutis æmulatione
componebat.* » Dans Cicéron le récit des
délassemens simples de Scipion et Lælius.

ARTICLE VI.

De l'Energie.

L'*énergie* du style consiste à serrer l'expression pour donner plus de ressort au sentiment ou à la pensée. L'*énergie* se trouve
tantôt dans la force de l'image ; tantôt elle
résulte d'un contraste ; quelquefois elle se
rencontre dans un seul mot, dans lequel se
réunissent les forces accumulées d'une foule
d'idées ou de sentimens.

Exemples d'*énergie*. Dans le combat des
Horaces, de Tite-Live : « *Infestisque armis,
velut acies , terni juvenes magnorum exer-
cituum animos gerentes , concurrunt.* » Dans
le même auteur, en parlant du Gaulois qui
a provoqué T. Manlius : «*Gallus, velut moles
supernè imminens...... cum ingenti sonitu
ensem dejecit.* » Dans Tacite, vie d'Agricola :
« *Memoriam quoque ipsam cum voce perdidissemus , si tàm in nostrâ potestate esset
oblivisci , quàm tacere.* »

ARTICLE VII.

De la Véhémence.

La *véhémence* du style dépend moins de la force que du tour et du mouvement impétueux de l'expression. C'est l'impulsion que le style reçoit des sentimens qui naissent en foule et se pressent dans l'âme, impatiens de se répándre au dehors ; la célérité des idées qui s'échappent, comme des traits de lumière, communiquée à l'expression, fait la vivacité du style ; cette vivacité animée par le sentiment, produit la *véhémence*. Le discours direct comporte nécessairement à un plus haut degré cette qualité.

Nous avons un exemple de véhémence dans le discours de Tullus à ses soldats, sur la trahison de Mettius. « *Mettius ille est ductor itineris hujus : Mettius idem hujus machinator ; Mettius fœderis romani albanique ruptor ; audeat deindè talia alius, nisi in hunc insigne jàm documentum mortalibus dedero* (Tite-Live, liv. 1). » Dans la réponse de Nisus, pour sauver Euryale : « *Me me, adsum qui feci, in me convertite ferrum* (Virgile). »

Nous rencontrons à chaque instant la véhémence dans Tacite.

ARTICLE VIII.

De la Magnificence.

La *magnificence* du style est la richesse unie à la grandeur ; on dit d'un style fécond en grandes pensées, en images vives et imprévues, en tours et en expressions choisies, qu'il est magnifique. Ainsi Tacite, en parlant des obsèques de Germanicus, dit : « *Funus sine imaginibus et pompâ, per laudes ac memoriam virtutum ejus celebre fuit. Et erant qui formam, ætatem, genus mortis, ob propinquitatem etiam locorum in quibus interiit, magni Alexandri fatis adæquarent, etc.* » (Ann. liv. 2.)

Le style de Quinte-Curce a souvent de la magnificence, par exemple dans ces réflexions sur la belle conduite d'Alexandre envers les princesses ses prisonnières. « *Equidem, si hâc continentiâ animi ad ultimum vitæ perseverare potuisset, feliciorem fuisse crederem quàm visus est esse, cùm Liberi patris imitaretur triumphum, ab Hellesponto usque ad Oceanum omnes gentes victoriâ emensus : vicisset profectò superbiam atque iram, malâ invicta ; abstinuisset inter epulas cædibus amicorum ; egregiosque bello viros et tot gentium secum domitores, indictâ causâ, veritus esset occidere.* »

Mais il est un écueil à éviter, c'est l'*en-flure*. Elle exprime en termes pompeux, une pensée fausse ; on veut faire paraître les idées plus grandes qu'elles ne le sont, c'est le défaut de Sénèque et d'Ovide. Fuyez donc la recherche et la profusion des images : tout ce qui sent l'emphase refroidit le lecteur.

CHAPITRE VII.

DES DIFFÉRENS GENRES DE STYLE.

De toutes ces qualités particulières du langage, on a formé trois genres de style, le *simple*, le *sublime* et le *tempéré*. Ces trois genres ont pris leurs noms des qualités particulières qui dominent dans chacun d'eux ; toutefois voyons les différentes défi-nitions qui en ont été données par les rhé-teurs.

Rollin, par respect pour les anciens, a conservé cette division de style ; mais il ajoute : « qu'il serait inutile d'examiner lequel de ces trois genres convient le mieux à l'écrivain, puisqu'il doit les embrasser tous, et que son habileté con-siste à savoir les employer à propos selon la différence des matières qu'il traite, de sorte qu'il puisse les tempérer l'un par l'autre. »

ARTICLE I.

Du Style simple.

« Le *style simple*, dit Cicéron, est sans élévation, semblable au langage familier, quoique dans le fond il en soit plus éloigné qu'on ne pense. Tous les lecteurs jusqu'aux moins éloquens, croient pouvoir l'imiter. En effet rien, si l'on en juge par l'apparence, ne semble plus facile à reproduire que ce style simple et délié, mais pourtant rien n'est plus difficile, quand on veut en faire l'épreuve. »

Ce qui le fait paraître si aisé à imiter, c'est que les mots sont propres, et les tours naturels ; le familier noble est le caractère dominant du *style simple*; c'est ce qu'on peut appeler *simplex mundities*. Il admet toutes les figures de mots et de pensées, mais avec retenue ; pour cacher l'art, il se permet certaines négligences qu'on pourrait dire heureuses, et qui ne déplaisent pas, parce qu'elles montrent un auteur plus occupé des choses que des mots.

ARTICLE II.

Du Style sublime.

Il ne faut pas confondre le *style sublime* avec le sublime proprement dit. Boileau marque très-bien la différence qui existe entre les deux, quand il dit : « *Le style sublime* veut toujours de grands mots ; mais le sublime se peut trouver dans une pensée, dans une seule figure, dans un seul tour de phrase. Ce trait de la Genèse : *Dieu dit que la lumière soit, et la lumière fut*, est sublime. » Sans entrer dans de plus grands détails sur la distinction du sublime, nous le définirons, *l'expression d'une pensée ou d'un sentiment qui élève l'âme*, et nous renverrons, pour en bien connaître toutes les espèces, au traité de Longin sur cette matière.

Quant au *style sublime*, c'est celui qui, par la majesté et l'élévation continues des expressions, par la vivacité des tours et des mouvemens, par la noblesse et la beauté des images, tient l'esprit toujours élevé. L'énergie, la véhémence, la magnificence sont le caractère dominant du *style sublime*.

ARTICLE III.

Du Style tempéré.

Le *style tempéré* est celui qui tient le milieu entre le style simple et le style sublime. Il n'a ni la simplicité, ni l'élévation continues de ces deux genres. Il admet tous les ornemens de l'art, mais avec cette réserve qui l'empêche de devenir tout-à-fait sublime : on sent qu'il est assez difficile de fixer les limites de ce style moyen. Cicéron me semble en contradiction avec lui-même dans la définition qu'il en donne ; tantôt il ne lui accorde que la facilité, l'égalité, et quelques légers ornemens ; ailleurs il reconnaît que c'est celui auquel sont permises toutes les parures du style. On peut dire que l'élégance, la richesse, la finesse et la délicatesse appartiennent également au *style tempéré*.

CHAPITRE VIII.

DES DIFFÉRENS STYLES DE LA NARRATION.

La *narration*, dont les règles seules nous occupent, comporte les trois genres de style dont nous venons de parler ; mais le *style simple* lui est le plus habituel.

Pour connaître le genre de style qui convient à la *narration*, il faut, avant d'écrire, avoir bien examiné son sujet, et distinguer le récit grave du plaisant; mais, quel qu'il soit, il faut qu'il joigne la précision à la rapidité.

ARTICLE I.

Convenance du Style.

Il y a encore dans le style plusieurs règles à observer, lesquelles peuvent être comprises sous le titre de *convenance* ou *couleur locale*.

Le style des peuples varie comme les climats, les productions du sol, le gouvernement, les religions, les mœurs; les images surtout qui prêtent des formes sensibles aux choses purement intellectuelles, qui revêtent la pensée de couleurs souvent si brillantes, sont différentes d'une nation à une autre, parce que chaque nation les puise dans une nature différente; ainsi les chants sauvages du barde Ossian ne ressemblent pas aux chants naïfs et sublimes du chantre de Troie; le style d'un habitant du nord sera empreint d'une autre teinte que le style d'un habitant du midi; on devra donc emprunter les images, les descriptions, et les formes des discours qui entreront dans le récit, de la nature du climat et des habitudes du peuple chez lequel s'est passé le fait qu'on raconte.

Non seulement le style éprouve les variétés dont nous venons de parler, mais encore il varie dans la même langue d'une époque à une autre ; ainsi les Romains du commencement de la république ne parlaient pas comme ceux du siècle d'Auguste ; ainsi notre langue a perdu beaucoup de son antique simplicité, et l'on pourrait dire qu'elle s'est appauvrie en s'enrichissant.

De l'observation de tous ces rapports résultera ce qu'on nomme *couleur locale*, le plus grand mérite, sans contredit, d'un écrivain, mais aussi le plus difficile à acquérir ; par cette teinte particulière et originale donnée à son sujet, il sortira de la classe commune, et fixera l'intérêt de ses lecteurs.

ARTICLE II.

Bienséances du Style.

Toutefois, en observant la *convenance du style*, il faut craindre de blesser les *bienséances* ; elles consistent à se conformer au goût du siècle où l'on écrit et au caractère particulier de sa nation ; veut-on, par exemple, nous présenter les héros des temps antiques, on est obligé de forcer un peu la vraisemblance, de laisser tous ces détails révoltans pour notre délicatesse, qui sont le résultat nécessaire de la grossièreté des premiers siècles, et de revêtir le fond des caractères de formes convenables à nos mœurs. En conservant à Achille cette impétuosité, ces emportemens et ce bouillant courage, premier trait de son caractère, gardons-nous de le représenter prodigue de ces injures dont il accable Agamemnon. C'est ici qu'il faut un goût exquis pour bien discerner ce qu'on doit imiter ou rejeter dans les anciens. Les *bienséances* du style consistent donc à modifier les *convenances locales*.

Conclusion.

De l'observation de toutes ces règles, résulteront dans la narration l'*intérêt* et l'*agrément* pour le lecteur ; elle formera un ensemble parfait, auquel la peinture vive et animée des événemens, le développement des passions, des réflexions profondes et judicieuses, donneront une marche imposante et un caractère vraiment dramatique.

DEUXIÈME PARTIE.

CHAPITRE PREMIER.

DE L'ANALYSE ET DU DÉVELOPPEMENT DES AUTEURS DANS LES CLASSES.

Nous avons dit, dans notre première partie, que l'analyse devait précéder la composition : en effet, avant de composer, il faut savoir décomposer, ou analyser. Essayons maintenant de démontrer l'importance de cet exercice, et d'en faire connaître les règles générales.

On ne saurait nier que l'explication des auteurs ne soit un des points les plus importans du mode d'instruction suivi dans les colléges ; plus l'élève avance, plus cette interprétation acquiert d'intérêt. En *Seconde*, elle ne se bornera pas à la connaissance des préceptes et des principes de la grammaire, du sens des mots, de la valeur et de la propriété des expressions ; on fera remarquer quelque chose de plus que la pureté, l'exactitude et l'élégance du langage : il faudra encore étudier et comprendre le plan, l'ensemble et l'ordonnance de la composition, pour être à même de signaler les beautés et les défauts qui peuvent s'y trouver.

C'est ce qu'en termes d'école on nomme *l'analyse* et *le développement oratoire*. De l'aveu des rhéteurs, il n'est pas, sans contredit, de meilleur moyen de se former à la composition.

ARTICLE I.

De l'importance de l'Analyse.

C'est en décomposant un tout dans ses différentes parties, en observant leur ordre et leur disposition, et en remontant aux idées premières, que l'on apprendra l'art de bien composer. S'il est impossible d'arriver à la perfection, il y aura du moins amélioration, progrès, perfectionnement : voilà déjà un assez grand mérite. Réduisons d'abord une narration quelconque à sa plus simple expression, c'est-à-dire à *l'idée mère ;* puis, en la composant de nouveau, la suite et la liaison des pensées nous feront naturellement découvrir toutes celles qui dérivent de l'idée première : procédé facile, qui nous aura bientôt appris à suivre dans nos propres compositions la méthode des grands maîtres.

Qu'un exemple rende notre proposition plus sensible. Appliquons en petit, à un fait historique bien connu, les règles que nous venons de poser concernant l'*analyse*: il s'agit du supplice de *Manlius*. Quelle sera l'*idée mère* ? la délivrance du Capitole par ce même guerrier, condamné à en être précipité en expiation de ses crimes politiques. De cette idée première, et qui établit un contraste frappant, vont dériver toutes les autres ; savoir : le souvenir de l'ancienne gloire de Manlius opposé à son infamie présente ; les réflexions du peuple sur la triste destinée du vainqueur des Gaulois ; sa défense naturellement puisée dans l'aspect du lieu même choisi pour son supplice ; la description, l'énumération de ses victoires, de ses hauts faits d'armes, de ses trophées militaires ; les regrets dont on ne peut se défendre, en songeant qu'un si grand homme eût terminé glorieusement sa carrière, s'il n'était né dans une république, etc.

Après un tel travail d'analyse et de composition, ouvrez *Tite-Live*, et vous pourrez vous convaincre par vous-même que vous n'avez fait qu'appliquer à son magnifique récit le simple procédé de la nature. Mais qu'une volonté ferme et qu'une attention soutenue, ce mobile actif et puissant de l'intelligence humaine , ne cessent de vous animer. L'œil distrait qui effleure mille objets divers sans s'arrêter à aucun , n'en retient qu'une image confuse et imparfaite. Voulez-vous jouir pleinement du spectacle qui vous est offert? que vos regards s'attachent à chaque objet et s'y reposent long-temps dans un ordre successif ; observez les différens rapports qui existent entre eux ; puis embrassez d'une seule vue leur ensemble. Presque toujours nous parcourons avec trop de rapidité le vaste champ qui s'ouvre à notre intelligence ; rendons notre esprit susceptible de la même application que nos regards , quand nous voulons connaître à fond toutes les beautés d'un site ou d'un tableau , et nous finirons par acquérir une instruction réelle et solide.

Quelque simples que soient (comme nous l'avons avancé) les procédés de cette admirable nature qui sert de type aux travaux intellectuels , les opérations du génie n'en sont pas moins difficiles. C'est par des études pénibles et opiniâtres que la plupart des grands écrivains en tous genres préludèrent à leurs chefs-d'œuvre ; souvent même leur apprentissage fut long et plus rude que celui du vulgaire , car , avant de s'engager dans la carrière, ils la mesurent , et , surmontant les obstacles en silence par une continuité d'efforts lents et successifs, ils confirment d'exemple cette grande vérité : Que l'habitude du travail peut seule le rendre facile.

De là, nous recueillerons un double avantage : des connaissances réelles et positives, et cette heureuse facilité qui, nous faisant marcher d'un pas rapide et sûr dans la voie de l'instruction, prévient les leçons du maître, et semble moins acquérir la science que l'inventer.

Ainsi s'instruisirent en tout temps les grands écrivains ; ainsi nous apprendrons d'après eux à nous instruire ; mais le travail fera tout : *Démosthène*, *Racine*, *Buffon*, et d'autres encore, en attestent les prodiges.

Un exercice répété de l'*analyse* est donc indispensable pour tous ceux qui veulent se former à la composition. Le moment arrive où, possédant bien toutes les règles de l'art d'écrire appliquées aux meilleurs modèles, on partage pour ainsi dire, par droit d'association, toutes leurs idées ; puis il ne s'agit plus que d'en faire éclore de nouvelles de son propre fonds, d'étendre et de féconder, suivant ses moyens, ce riche domaine de connaissances acquises : alors, encore une fois, on applique à la composition les procédés surpris aux grands maîtres.

ARTICLE II.

Règles générales de l'Analyse.

L'analyse dont nous allons donner quelques modèles, consiste donc à réduire un récit au simple fait, sans omettre toutefois aucune des circonstances essentielles, mais en les présentant dépouillées de tout ornement accessoire; ensuite on fera remarquer, dans le développement successif des différentes parties de la narration, l'art de l'écrivain pour amplifier et embellir son sujet.

CHAPITRE II.

ANALYSE ET DÉVELOPPEMENT DE LA FUITE DE XERXÈS, DANS JUSTIN.

Nous commencerons par analyser une narration de Justin, comme étant celui de tous les historiens qui présente des modèles plus faciles. Justin, abréviateur de Trogue-Pompée, ne nous offre pas dans ses récits la même abondance de détails que Tite-Live, ni des réflexions aussi fortes que Tacite; ses narrations sont plus à la portée des commençans; il n'y fait entrer que les idées

principales , et les développemens rigou-
reusement nécessaires : réduisons la fuite de
Xerxès à ce que nous appelons la matière.

« Adventante Xerxe, consulentibus Delphis oraculum responsum fuerat , salutem muris ligneis
tuerentur Athenienses. Themistocles navium
præsidium demonstratum ratus , persuadet omnibus patriam municipes esse non mœnia ; melius
itaque salutem navibus quàm urbi commissuros ;
hujus sententiæ etiam deum auctorem esse.
Probato consilio , conjuges liberosque cum pretiosissimis rebus , abditis insulis demandant.
Ipsi naves conscendunt. Exemplum Atheniensium et aliæ urbes imitantur. Itaque cùm sociorum classis angustias Salaminii freti occupasset,
dissensio inter civitatum principes oritur ; qui
cùm , deserto bello , ad sua tuenda dilabi vellent, timens Themistocles ne discessu sociorum
vires minuerentur, per servum Xerxi nunbiat,
uno in loco eum contractam Græciam capere
facillimè posse. Hoc dolo impellit regem signum
pugnæ dare. Græci quoque , adventu hostium
occupati , prælium , collatis viribus , capessunt.
Interea rex, cum parte navium in littore remanet. Artemisia autem , regina Halicarnassi, quæ
in auxilium Xerxi venerat, inter primos duces
bellum acerrimè ciebat. Cùm anceps prælium
esset , Iones , juxtà præceptum Themistoclis ,
pugnæ se paulatim subtrahere cœperunt ; quorum defectio animos cæterorum fregit. Itaque
Persæ in fugam vertuntur. »

« Xerxem Mardonius aggreditur ; hortatur in

regnum abeat, ne quid seditionis moveat fama
adversi belli ; sibi trecenta millia armatorum
lecta relinquat. Probato consilio, reliquas copias
rex ipse reducere in regnum parat. Sed Græci,
auditâ regis fugâ , consilium ineunt pontis
interrumpendi quem ille Abydo fecerat. Sed
Themistocles , timens ne interclusi hostes desperationem in virtutem verterent , Xerxem cer-
tiorem consilii facit. Ille perculsus nuntio cum
paucis Abydon contendit. Ubi cum solutum
pontem hybernis tempestatibus offendisset , piscatoriâ scaphâ trajecit. Nec 'pedestribus copiis,
quas ducibus assignaverat, felicius iter fuit,
siquidem quotidiano labori etiam fames accesserat ; inopia contraxerat pestem , tantaque
fœditas morientium fuit , ut alites et bestiæ
exercitum sequerentur. »

Cette matière est longue sans doute ; cependant elle ne présente que les circonstances
principales de la défaite et de la fuite de
Xerxès. Elle est telle qu'on la donnerait à
des commençans : il faut les habituer insen-
siblement à amplifier leur sujet ; le choix
et l'ordre des narrations du recueil de
M. Vendel-Heyl (1) sont bien propres à les
initier graduellement aux secrets de la composition. Supposons donc qu'ils aient à
traiter cette matière ; ils n'auront , comme
nous allons le voir , à ajouter que quelques

(1) *Narrationes collectæ è scriptoribus latinis,*
accurante L. A. Vendel-Heyl ; 1 vol. in-12 , *Paris,*
A. Delalain.

épithètes et des oppositions qui doivent toujours naître des circonstances ; à tirer des faits les réflexions fournies par la position des personnages (1).

« 1°. Adventante Xerxe : consulentibus Delphis oraculum responsum fuerat, salutem muris ligneis tuerentur Athenienses. Themistocles, navium præsidium demonstratum ratus, persuadet omnibus patriani municipes esse non mœnia : *civitatemque non in ædificiis sed in civibus positam.* Meliùs itaque salutem navibus quàm urbi commissuros; hujus sententiæ etiam deum auctorem esse. »

Une phrase seule, développement et complément d'une idée, a été ajoutée.

« 2°. Probato consilio, conjuges liberosque cum pretiosissimis rebus, abditis insulis, *relictá urbe*, demandant, ipsi naves *armati* conscendunt. Exemplum Atheniensium et aliæ urbes imitatæ. Itaque cum *adunata omnis* sociorum classis, *et intenta in bellum navale esset;* angustiasque Salaminii freti, *ne circumveniri à multitudine posset*, occupassent, dissensio inter civitatum principes oritur : qui cum, deserto bello, ad sua tuenda dilabi vellent, timens Themistocles ne discessu sociorum vires minuerentur, per servum *fidum* Xerxi nunciat, uno in loco eum contractam Græciam capere facil-

(1) Nous avons divisé ce récit en plusieurs points, et nous avons mis en caractères italiques ce qui est ajouté à la matière.

liuè posse : *quòd si civitates , quæ jam abire vellent , dissipentur , majore labore ei singulas consectandas.* »

Ici sont ajoutées à la matière des épithètes, des conséquences , et enfin une dernière phrase en opposition à celle qui la précède, et amenée nécessairement par celle-ci.

« 3°. Hoc dolo impellit regem signum pugnæ dare. Græci quoque, adventu hostium occupati, prælium , collatis viribus, capessunt. Interea rex , *velut spectat r pugnæ,* cum parte navium in littore remanet. Artemisia autem, regina Halicarnassi, quæ in auxilium Xerxi venerat , inter primos duces bellum acerrimè ciebat. *Quippe ut in viro muliebrem timorem , ità in muliere virilem audaciam cerneres.* Cùm anceps prælium esset, Iones , juxtà præceptum Themistoclis, pugnæ se paulatim subtrahere cœperunt; quorum defectio animos cæterorum fregit. Itaque *circumspicientes fugam pelluntur Persæ, et mox prælio victi,* in fugam vertuntur. *In quâ trepidatione multæ captæ naves , multæ mersæ; plures tamen non minùs sævitiam regis quàm hostem timentes, domum dilabuntur.* »

Dans ce troisième point les élèves auront dû trouver la belle opposition de la lâcheté de Xerxès et de la belle conduite de cette reine d'Halicarnasse, qu'aucun des généraux ne surpassait en courage, et n'égalait en prudence , qui avait suivi le roi, sans y être

forcée, et lui disait la vérité, sans craindre
de lui déplaire ; elle l'avait dissuadé d'engager le combat de Salamine, ajoutant à ses
avis ces paroles : « Vous êtes, seigneur, le
meilleur des maîtres ; mais vous avez de fort
mauvais serviteurs. » On sent de quelle nécessité il est de bien connaître ces détails historiques, pour peindre avec énergie et vérité
le caractère des personnages qu'on met en
scène ; nous devons supposer les élèves au
courant de tous ces détails. Je ne dis pas qu'il
faille les faire entrer toujours dans le récit ;
ils en ralentiraient quelquefois la marche :
c'est par une épithète, par une simple allusion
que l'élève doit prouver qu'il possède bien
son sujet. Les détails de la fuite doivent
aussi être trouvés par lui ; c'est une fuite
de vaisseaux, et par conséquent les uns
sont pris, les autres coulés, et quelques-
uns échappent à la poursuite du vainqueur.

« 4°. *Hâc clade perculsum et dubium consilii*
Xerxem Mardonius aggreditur. Hortatur in
regnum abeat, ne quid seditionis moveat fama
adversi belli, *in majus, sicuti mos est, omnia
extollens :* sibi trecenta millia armatorum lecta
ex omnibus copiis relinquat, *quâ manu aut
cum glorià ejus perdomiturum se Græciam,
aut, si aliter eventus ferat, sine ejusdem
infamià hostibus cessurum.* Probato consilio,
Mardonio exercitus traditur : reliquas copias rex

ipse reducere in regnum parat. Sed Græci,
auditâ regis fugâ, consilium ineunt pontis interrumpendi, quem ille Abydo, *veluti victor
maris, fecerat, ut, intercluso reditu, aut cum
exercitu deleretur, aut desperatione rerum,
pacem victus petere cogeretur.* Sed Themistocles timens ne interclusi hostes desperationem
in virtutem verterent, *et iter quod aliter non
pateret, ferro patefacerent, satis multos hostes
in Græciâ remanere dictitans, nec augeri numerum retinendo oportere, cum vincere consilio
cæteros non posset, eumdem servum ad Xerxem
mittit,* certioremque consilii facit, *et occupare
transitum maturatâ fugâ jubet.* »

On sent bien que le développement de la
renommée ne doit pas être indiqué, non plus
que l'état d'anxiété de Xerxès. Les élèves
doivent, sinon trouver le dilemme de Mardonius, du moins donner les motifs de sa
proposition ; le trait qui peint le fol orgueil
du prince qui avait fait battre de verges et
enchaîner la mer peut ne pas leur venir à
l'esprit, mais il ne doit pas être donné ; il
prépare la belle opposition de la suite du
roi. L'objection de Thémistocle, qui rappelle
le vers de Virgile,

Una salus victis nullam sperare salutem,

doit fournir les développemens qui suivent ;
le général athénien est, comme on le voit,
conséquent dans sa conduite.

«Ille, perculsus nuntio, *tradit ducibus milites*
perducendos ; ipse cùm solutum pontem hybernis tempestatibus offendisset, piscatoriâ scaphâ
trepidus trajecit. *Erat res spectaculo digna et*
æstimatione sortis humanæ, rerum varietate
mirandà, in exiguo latentem videre navigio
quem paulò antè vix æquor omne capiebat ;
carentem etiam omni servorum ministerio,
cujus exercitus propter multitudinem terris
graves erant. »

C'est ici la partie morale de la narration ;
le sort de ce malheureux prince, naguère
si puissant et si fier des forces innombrables
qu'il traînait à sa suite, réduit à traverser la
mer dans une barque de pêcheur, amène
naturellement les réflexions de l'auteur sur
l'instabilité des choses humaines ; Justin
nous donne la mesure convenable de cette
sorte de réflexions, et la véritable manière
de les présenter : c'est un tableau qu'il nous
met sous les yeux ; il ne cesse pas d'être
dramatique. Peut-être que cette indication
ne serait pas donnée dans une matière ; tant
les pensées naissent du fond même du sujet.
On peut rapprocher de ce passage le morceau
de Juvénal dans la dixième satire :

       Mors sola fatetur,
Quantula sint hominum corpuscula ! creditur olim
Velificatus Athos.

« Nec pedestribus copiis quas ducibus assignaverat felicius iter fuit : siquidem quotidiano
labori (*neque enim ulla est metuentibus quies*)
etiam fames accesserat. *Multorum deinde dierum*
inopia contraxerat et pestem , tantaque *fœditas*
morientium fuit , *ut viæ cadaveribus imple-*
rentur , alitesque et bestiæ *escæ illecebris solli-*
citatæ , exercitum sequerentur. »

On conçoit facilement que le sort de l'armée confiée aux généraux , ne devait pas
être plus heureux que celui de Xerxès ; la
réflexion , *neque enim ulla est metuentibus*
quies , est bien juste ; elle nous donne la
cause des fatigues et de l'épuisement de ces
soldats auxquels la crainte d'être surpris par
l'ennemi ne laissait aucun instant de repos.
Tous les maux qui accompagnent la déroute
et la famine ne sont qu'indiqués ; mais l'historien termine son récit par une idée triste et
pénible qui nous montre les suites et le terme
ordinaire de la vanité humaine.

Fuite de Xerxès.

«Adventante Xerxe, consulentibus Delphis oraculum responsum fuerat , salutem muris ligneis
tuerentur Athenienses. Themistocles navium
præsidium demonstratum ratus , persuadet omnibus patriam municipes esse non mœnia, civitatemque non in ædificiis , sed in civibus

positam ; melius itaque salutem navibus, quàm
urbi commissuros; hujus sentenliæ etiam deum
auctorem esse. « Probato consilio, conjuges
liberosque cum pretiosissimis rebus, abditis
insulis, relictâ urbe, demandant : ipsi naves
armati conscendunt. Exemplum Atheniensium
et aliæ urbes imitatæ. Itaque cùm adunata
omnis sociorum classis, et intenta in bellum
navale esset; angustiasque Salaminii freti, ne
circumveniri à multitudine posset, occupassent; dissensio inter civitatum principes oritur.
Qui cùm, deserto bello, ad sua tuenda dilabi
vellent, timens Themistocles ne discessu sociorum vires minuerentur, per servum fidum
Xerxi nuntiat, uno in loco eum contractam
Græciam capere facillimè posse : quòd si civitates quæ jam abire vellent, dissipentur, majore
labore ei singulas consectandas. Hoc dolo impellit regem signum pugnæ dare. Græci quoque
adventu hostium occupati, prælium, collatis
viribus, capessunt. Interea rex ; velut spectator
pugnæ, cum parte navium in littore remanet.
Artemisia autem regina Halicarnassi, quæ in
auxilium Xerxi venerat, inter primos duces
bellum acerrimè ciebat; quippe ut in viro
muliebrem timorem, ita in muliere virilem
audaciam cerneres. Cùm anceps prælium esset,
Iones, juxtà præceptum Themistoclis, pugnæ
se paulatim subtrahere cœperunt : quorum defectio animos cæterorum fregit. Itaque circumspicientes fugam pelluntur Persæ, et mox prælio
victi, in fugam vertuntur. In quâ trepidatione

multæ captæ naves; multæ mersæ; plures tamen
non minùs sævitiam regis quàm hostem timentes, domum dilabuntur.

Hâc clade perculsum et dubium consilii Xerxem Mardonius aggreditur. Hortatur in regnum
abeat, ne quid seditionis moveat fama adversi
belli, in majus, sicuti mos est, omnia extollens : sibi ccc millia armatorum lecta ex
omnibus copiis relinquat, quâ manu aut cum
gloriâ ejus perdomiturum se Græciam ; aut, si
aliter eventus ferat, sine ejusdem infamiâ hostibus cessurum. Probato consilio, Mardonio exercitus traditur : reliquas copias rex ipse reducere
in regnum parat. Sed Græci, auditâ regis fugâ,
consilium in eunt pontis interrumpendi, quem
ille Abydo, veluti victor maris, fecerat ut,
intercluso reditu, aut cum exercitu deleretur,
aut desperatione rerum pacem victus petere
cogeretur. Sed Themistocles, timens ne interclusi hostes desperationem in virtutem verterent, et iter, quod aliter non pateret, ferro
patefacerent, satis multos hostes in Græciâ
remanere dictitans ; nec augeri numerum retinendo opportere, cùm vincere consilio cæteros
non posset, eumdem servum ad Xerxem mittit,
certioremque consilii facit, et occupare transitum maturatâ fugâ jubet. Ille, perculsus
nuntio, tradit ducibus milites perducendos ;
ipse cum paucis Abydon contendit, ubi cùm
solutum pontem hybernis tempestatibus offendisset, piscatoriâ scaphâ trepidus trajecit. Erat
res spectaculo digna, et æstimatione sortis

humanæ, rerum varietate miranda, in exiguo latentem videre navigio, quem paulò antè vix æquor omne capiebat, carentem etiam omni servorum ministerio, cujus exercitus propter multitudinem terris graves erant. Nec pedestribus copiis, quas ducibus assignaverat, felicius iter fuit : siquidem quotidiano labori (neque enim ulla est metuentibus quies) etiam fames accesserat. Multorum deinde dierum inopia contraxerat et pestem, tantaque fœditas morientium fuit, ut viæ cadaveribus implerentur, alitesque et bestiæ escæ illecebris sollicitatæ, exercitum sequerentur. »

(*Extrait de Justin*, liv. II.)

CHAPITRE III.

ANALYSE ET DÉVELOPPEMENT DE LA CONDAMNATION ET DU SUPPLICE DE TITUS MANLIUS (1).

Contre l'avis de Montesquieu, j'ai dit, dans ce traité, que Tite-Live était peut-être, de tous les historiens, celui qui s'identifiait

(1) Je n'ai pas réduit cette narration à la matière comme la précédente, parce que je suppose que les élèves, après avoir fait par écrit un semblable travail, le font ensuite de tête, et s'occupent davantage du développement oratoire ; voilà pourquoi j'ai plus développé les trois narrations qui terminent cette seconde partie.

le mieux avec ses personnages, et qui reproduisait le plus exactement, dans ses récits, la couleur locale et l'exactitude des caractères : je vais essayer de justifier cette assertion par l'analyse suivante.

Ce trait d'un père condamnant son fils vainqueur, est tristement célèbre dans les annales de la république romaine. On excuse, on plaint le premier des Brutus ; mais Manlius inspire une juste horreur.

Sous l'heureux Octave, qui menait doucement à la servitude, les lois romaines perdaient chaque jour quelque chose de leur férocité primitive ; ce fanatisme de discipline militaire ne pouvait plus trouver d'enthousiastes, et Virgile, le sage Virgile lui-même a pris soin de le flétrir de son indignation, lorsqu'il nous représente l'inflexible consul déployant toute la rigueur des faisceaux et de la hache.

> . . . . Sævumque securi
> Aspice Torquatum. . . . . .

Contemporain d'Auguste, de Virgile et de cet Horace, qui fut si bon poëte et si mauvais soldat, Tite-Live, malgré le surnom de *Pompéien* que lui donnait l'empereur, partageait toutes les idées de son siècle ; il désapprouvait donc hautement l'action de Manlius ; mais historien véridique et impartial, fidèle aux mœurs et aux traditions anciennes, il se contente de peindre l'effroi que produisit dans le temps le supplice du jeune héros ; et, sans se permettre aucune réflexion, il nous montre la postérité ratifiant, à l'égard du père, l'arrêt des contemporains.

« Forte inter cæteros turmarum præfectos, qui exploratum in omnes partes dimissi erant, T. Manlius, consulis filius, super castra hostium cum suis turmalibus evasit, ità ut vix teli jactu ab statione proxima abesset ; ibi Tusculani erant equites : præerat Geminius Metius, vir tùm genere inter suos, tùm factis, clarus. »

Dès le début, nous sommes sur le lieu de la scène ; nous voyons la position respective des deux camps, et le fils du consul occupant avec sa cavalerie un poste avancé : première circonstance bien propre à lui concilier l'intérêt. Ce qui doublera la gloire de l'infortuné vainqueur, c'est que son rival est digne de lui ; Métius a de la naissance, de la bravoure : progression judicieuse ; combien de nobles, même à Rome, dédaignèrent d'ajouter leurs propres exploits à ceux de leurs ancêtres.

« Is ubi Romanos equites, insignemque inter eos præcedentem consulis filium (nam omnes inter se, utique illustres viri, noti erant) cognovit. « Una-ne, ait, turma Romani cum

Latinis, sociisque bellum gesturi estis? Quid
intereà consules, quid duo exercitus consulares agent? »

Il n'est pas difficile à Métius de reconnaître le fils du consul ; il est remarquable
par l'éclat de ses armes ; il devance tous
les autres ; les anciens guerriers étaient
surtout jaloux de se faire distinguer dans
la mêlée par quelque attribut distinctif :
Homère et Virgile les signalent ainsi ; la
réflexion de l'auteur trouve ici justement
sa place. Les Romains et les Latins ne formaient naguère qu'un seul et même peuple ; leurs chefs les plus illustres devaient
se connaître entr'eux ; de pareils traits,
qui pourraient paraître indifférens, contribuent à donner au sujet une couleur locale.
Quid intereà consules agent, rappelle l'apostrophe ironique de Pharasmane à Rhadamiste, dans Crébillon.

> *Que font vos légions ?* Ces superbes vainqueurs
> Ne combattent-ils plus que par ambassadeurs ?

« Aderunt in tempore, Manlius inquit, et
cum illis aderit Jupiter ipse, fœderum à vobis
violatorum testis, qui plus potest polletque.
Si ad Regillum lacum, ad satietatem vestram
pugnavimus, hic quoque efficiemus profectò
ne nimis acies vobis et collata signa nobiscum
cordi sint. » — Ad ea Geminius paululùm ab

suis equo provectus : « Vis-ne igitur , dùm dies
ista venit, quâ magno conatu exercitum moveatis , intereà tu ipse congredi mecum , ut
nostro duorum hinc eventu cernatur , quantùm
eques Latinus Romano præstet ! »

Nous avons dit , dans la première partie
de cet ouvrage , que le discours direct intro-
duit dans la narration en faisait souvent un
tableau animé ; c'est ce que nous prouvent la
réponse de Manlius à son adversaire , et le
défi de ce dernier. Ce dialogue réunit à la
vivacité et à l'éclat des couleurs , le mérite
des contrastes. Le Latin emploie l'ironie et
l'insulte , le Romain défend avec chaleur et
noblesse l'inaction des consuls et des deux
armées consulaires , puisqu'il montre les
dieux supérieurs aux hommes , et Jupiter
vengeur des traités violés. On ne saurait
pousser plus loin la vérité des mœurs et
des caractères : qu'il est touchant ce jeune
Manlius invoquant les dieux au moment
même où il aura à se plaindre de la rigueur
des hommes !

Cependant Manlius ne se contente pas
d'invoquer les dieux ; aux vaines rodomon-
tades de son agresseur , il oppose un fait
récent , la sanglante défaite de Régille ,
jour à jamais désastreux pour les Latins.
L'expression *ad satietatem* est pleine d'énergie ; et plus la suivante , *ne nimis cordi*

sint , paraît modeste et mesurée , plus, dans le génie de la langue latine, elle est forte et mordante. Le fier Géminius, vivement piqué, s'écarte des siens, et provoque son rival, toujours avec une ironie amère, pour être fidèle à son caractère altier et insultant.

«Movet ferocem animum juvenis, seu ira, seu detrectandi certaminis pudor, seu inexsuperabilis vis fati ; oblitus itaque imperii patrii, consulumque edicti, præceps ad id certamen agitur, quo vinceret an vinceretur, haud multùm interesset. »

Tous les mots qui commencent cette phrase font effet ; le présent met le tableau sous les yeux ; le Romain est jeune, fier, du sang des Manlius qui ne souffrirent jamais d'outrage. Avec quel art l'auteur rassemble tous les motifs capables de diminuer la faute du guerrier! quelle honte c'eût été pour le fils de Torquatus, s'il eût refusé ce combat ! quelle tache pour le surnom glorieux de son père! Remarquons aussi le dernier trait qui excuse Manlius : *inexsuperabilis vis fati.* Cette idée pénible : que nul ne saurait fuir son sort, ne peut convenablement trouver place que dans les sujets grecs ou latins.

Malgré l'intérêt que lui inspire Manlius, Tite-Live ne dissimule pas sa double faute ; il désobéit à l'ordre d'un père et à l'édit des consuls ; sans doute, pour s'oublier à ce point, il fallait qu'il fût aveuglé, hors de lui-même ; c'est ce qui est très-bien exprimé par ces mots : *præceps agitur.* La réflexion, qui termine, découle du sujet même ; elle en est comme dépendante, et prévient le dénouement.

« Equitibus cæteris velut ad spectaculum summotis, spatio, quod vacui interjacebat campi, adversos concitant equos ; et, cùm infestis cuspidibus concurrissent, Manlii cuspis super galeam hostis, Metii trans cervicem elapsa est. Circumactis deindè equis, cùm prior ad iterandum ictum Manlius consurrexisset, spiculum inter aures equi fixit; »

Les anciens étaient avides de ces combats singuliers, quand ils avaient lieu entre des chefs de renom. Homère et Virgile nous en fournissent des exemples ; nous n'entrerons pas dans le détail de toutes les beautés dont brille cette description si vive, si pittoresque, si épique ; on peut la rapprocher, quant aux dernières circonstances, du fameux combat d'Énée contre Mézence.

« Ad cujus vulneris sensum cùm equus, prioribus pedibus erectis, magnâ vi caput quateret, excussit equitem : quem cuspide parmâque innixum attollentem se ab gravi casu, Manlius ab jugulo, ità ut per costas ferrum emineret, terræ affixit. »

Ici Tite-Live lutte contre les poëtes ; sa narration est tout en images. Nous avons vu le sort du coursier de Métius ; celui de son maître ne sera pas plus heureux ; il y a de l'harmonie dans le choix et l'arrangement des mots qui peignent le Latin se relevant d'une chûte aussi terrible. Le verbe *emineret* termine bien ce tableau d'une effrayante vérité ; enfin nous pouvons contempler à loisir cet orgueilleux Métius étendu sur la poussiére , et portant la peine de son défi : sa mort ne sera que trop tôt vengée.

« Spoliisque lectis , ad suos revectus , cum ovante gaudio turmâ in castra atque indè ad prætorium , ad patrem tendit : ignarus fati futurique , laus an pœna merita esset. « Ut me omnes , inquit, pater , tuo sanguine ortum verè ferrent , provocatus equestria hæc spolia capta ex hoste cæso porto. »

Voyez comme le vainqueur presse son retour : à peine se donne-t-il le temps de recueillir , suivant l'usage militaire de cette époque , les dépouilles de l'ennemi terrassé ; l'escadron romain participe au triomphe de son vaillant chef ; celui-ci s'avance droit au camp , à la tente du général , du consul , de son père. Cette progression est terrible : chaque pas de Manlius est un pas vers la mort ; plus il se hâte d'arriver jusqu'à son père , plus il s'approche de son bourreau :

tel est l'effet du rejet *ad patrem.* Les paroles de Manlius, en abordant le consul, n'auraient-elles pas dû désarmer sa sévérité ? Elles lui rappelaient sa victoire sur l'insolent Gaulois qui le provoqua naguère, comme Géminius venait de provoquer son fils ; Torquatus revivait tout entier dans cet exploit de son digne rejeton : cependant il demeura inexorable. Qu'il sut mieux concilier les intérêts de la discipline avec ceux de la gloire, ce dictateur Papirius, qui condamna d'abord, pour l'exemple, son général de cavalerie, mais après lui pardonna, et le présenta à l'armée comme un modèle de courage ! Notre histoire offre plus d'un trait semblable d'équité militaire.

« Quod ubi audivit consul, extemplo, filium aversatus, concionem classico advocari jussit ; quæ ubi frequens convenit. »

Admirable précision ! le père disparaît, le consul reste. De là, ces regards qui se détournent d'un fils vainqueur ; il n'éclate pas en reproches, il ne lui adresse aucune parole ; mais quel silence expressif ! Bientôt les troupes sont convoquées par l'ordre du consul ; c'est en présence de toute l'armée que le héros apprendra son sort. Tous les cœurs sont suspendus entre la crainte et l'espoir ;

De Cal. Tr. de Nar. 4

on ne saurait mieux ménager l'intérêt, et le
discours de Manlius va l'accroître encore, en
le différant autant qu'il est possible de le
faire.

« Quandoquidem, inquit, tu, T. Manli,
neque imperium consulare, neque majestatem
patriam veritus, adversùs edictum nostrum
extrà ordinem in hostem pugnasti ; et quantùm in te fuit disciplinam militarem, quâ stetit ad hanc diem romana res, solvisti ; mèque
in eam necessitatem adduxisti, ut aut reipublicæ mihi, aut mei meorumque obliviscen-
dum sit, nos potiùs nostro delicto plectemur,
quàm respublica tanto suo damno nostra peccata luat : triste exemplum sed in posterum
salubre juventuti erimus. Me quidem cùm ingenita caritas liberùm, tùm specimen istud virtutis deceptum vanâ imagine decoris in te
movet ; sed cùm aut morte tuâ sancienda sint
consulum imperia, aut impunitate in perpetuum abroganda, ne te quidem, si quid in te
nostri sanguinis est, recusare censeam quin
disciplinam militarem culpâ tuâ prolapsam,
pœnâ restituas. I, lictor, deliga ad palum. »

Je ne sais si mon admiration pour Tite-
Live m'entraîne trop loin ; mais il me semble
que ce discours, malgré son peu d'étendue,
est le chef-d'œuvre du pathétique et des convenances oratoires. Depuis le premier mot

quandoquidem, qui fait pressentir la catastrophe, jusqu'à l'ordre décisif donné au
licteur, je ne vois qu'une lutte pénible et
déchirante entre les affections d'un père dont
on a méconnu la majesté, et les devoirs sacrés
du consul, du général, du magistrat suprême
des camps, du vengeur obligé de la discipline
militaire, source de prospérités pour les fils
de Mars. Cette grande image de Rome domine
tout le tableau. Faudra-t-il, en pardonnant
une première faute, sacrifier ses hautes desti-
nées aux tendresses du sang et au cri de la
nature? Cruelle alternative qui met dans la
balance, d'un côté la ville immortelle, de
l'autre un fils chéri, un héros, un vainqueur,
l'idole de toute l'armée. Manlius n'a point à
choisir, et cependant qu'il lui en coûte pour
prononcer la sentence! Comme s'il avait
besoin de justifier aux yeux de ses contemporains, aux yeux de la postérité, à ses propres yeux même, l'arrêt qu'il va rendre,
il multiplie les argumens et les preuves du
délit, et montre par-dessus tout Rome, à
jamais dépossédée du titre d'invincible, si
l'indulgence l'emporte. Cette simple apostrophe *Tu, T. Manli*, en dit plus que des
phrases entières; le coupable est Titus Manlius, le fils du consul, celui qui devait le
premier donner l'exemple de l'obéissance; les
phrases périodiques ajoutent je ne sais quoi

de solennel et de lugubre à ce jugement :
Pugnásti, solvisti, adduxisti. Titus Manlius récapitule, comme à regret, les nombreux griefs qui existent contre un aussi
cher coupable : on dirait que le malheureux
père cherche à reculer l'instant fatal où il
faudra prononcer la peine ; il veut en quelque sorte s'y associer. Ces mots : *nos potiùs
nostro delicto plectemur....,* ne laissent pas
d'être touchans ; ils montrent que le juge
est ému ; qu'il porte des entrailles de père,
et rappellent ce vers d'Agamemnon.

Du coup qui vous attend vous mourrez moins que moi.

Cette phrase, *me quidem cùm ingenita
caritas*, etc., jetée adroitement entre l'acte
d'accusation et la condamnation elle-même,
diminue l'odieux du ministère exercé par
Manlius ; elle est comme un dernier tribut
payé par le consul aux faiblesses de la nature.
Mais l'intérêt de la république l'emporte,
et l'appel au licteur est la terrible conclu-
sion de ce discours.

« Exanimati omnes tàm atroci império, nec
aliter quàm in se quisque districtam cernentes
securim, metu magis quàm modestiâ quievère.
Itaque, velut emerso ab admiratione animo,
cùm silentio defixi stetissent, repentè postquàm,
cervice cæsâ, fusus est cruor ; tùm libero conquestu coortæ voces sunt, ut neque lamentis,

neque exsecrationibus parceretur, spoliisque
contectum juvenis corpus, quantùm militaribus
studiis funus ullum concelebrari potest, structo
extrà vallum rogo, cremaretur, *Manlianaque*
imperia non in præsentia modò horrenda, sed
exempli etiam tristis in posterum essent. »

La dernière partie de cette narration est
consacrée à peindre l'impression profonde
que produit sur toute l'armée l'ordre atroce
du consul ; les soldats en perdent jusqu'au
sentiment de l'existence, *examinati;* chacun
s'imagine voir la hache suspendue sur sa
tête. Toutes les expressions sont énergiques,
et la teinte du style devient plus sombre
à mesure que l'auteur approche du dénouement de cette sanglante tragédie. Le morne
silence qui règne est plutôt l'effet de l'horreur
et de l'anéantissement que du respect qu'inspire l'autorité consulaire : cette réflexion est
pleine de justesse.

L'historien s'est étendu avec plaisir sur les
circonstances du combat et de la victoire de
Manlius ; il ne suivra pas la même marche
pour décrire son supplice. L'âme profondé-
ment émue du lecteur se détournerait d'un
tel tableau, et la plume elle-même se refuse-
rait à le retracer. Quelques mots annoncent
que le sacrifice est consommé. *Postquàm,
cervice cæsá, fusus est cruor.* C'est un effet
de l'art, fondé sur la connaissance du cœur

humain, de n'avoir pas détaillé le supplice.
A peine Manlius a-t-il cessé de vivre, que la
crainte disparaît, et que la douleur éclate
librement; on n'épargne pas les imprécations
contre le consul, et le tribut sincère de
regrets que paie toute l'armée en deuil aux
mânes du jeune héros, l'a déjà vengé de la
rigueur de son trépas; mais c'est trop peu
pour sa mémoire, il faut que les dépouilles
de l'ennemi terrassé lui servent de dernière
parure; ainsi ses compagnons d'armes, faisant illusion à leur douleur, croiront l'avoir
enseveli dans son triomphe; voilà les plus
nobles funérailles qu'ils puissent célébrer
en son honneur. Quant au consul impi-
toyable qui a pu oublier qu'il était père,
ses ordres barbares serviront désormais à
désigner tout ce que le commandement militaire a de plus rigoureux dans son exécution;
non seulement les contemporains auront en
horreur de tels décrets, *Manliana imperia*;
mais la postérité elle-même les regardera
comme d'un exemple funeste.

On ne pouvait terminer d'une manière
plus dramatique; Manlius reste comme suspendu entre la double condamnation du
présent et de l'avenir.

Titus Manlius condamne son fils à mort.

Forté inter cæteros turmarum præfectos, qui exploratum in omnes partes dimissi erant, T. Manlius, consulis filius, suprà castra hostium cùm suis turmalibus evasit, ità ut vix teli jactu ab statione proximâ abesset : ibi Tusculani erant equites : præerat Geminius Metius, vir tùm genere inter suos, tùm factis clarus. Is ubi Romanos equites insignemque inter eos præcedentem consulis filium (nam omnes inter se, utique illustres viri noti erant) cognovit : « Unâ ne, ait, turmâ Romani cum Latinis sociisque bellum gesturi estis ? quid intereà consules, quid duo exercitus consulares agent ? »—« Aderunt in tempore, Manlius inquit, et cum illis aderit Jupiter ipse fœderum à vobis violatorum testis, qui plus potest polletque. Si ad Regillum lacum, ad satietatem vestram pugnavimus, hîc quoque efficiemus profectò ne nimis acies vobis et collata signa nobiscum cordi sint. » Ad ea Geminius paululùm ab suis equo provectus : « Visne igitur, dùm dies ista venit, quâ magno conatu exercitus moveatis, intereà tu ipse congredi mecum, ut nostro duorum jàm hinc eventu cernatur ; quantùm eques latinus romano præstet ? » Movet ferocem animum juvenis, seu ira, seu detrectandi certaminis pudor, seu inexsuperabilis vis fati, oblitus itaque imperii patrii, consulumque

edicti, præceps ad id certamen agitur, quo
vinceret an vinceretur, haud multùm interesset; equitibus cæteris velut ad spectaculum
summotis, spatio quod vacui interjacebat campi, adversos concitant equos, et cùm infestis
cuspidibus concurrissent, Manlii cuspis super
galeam hostis, Metii trans cervicem equi elapsa
est. Circumactis deinde equis, cùm prior ad
iterandum ictum Manlius consurrexisset, spiculum inter aures equi fixit: ad cujus vulneris
sensum cùm equus, prioribus pedibus erectis,
magnâ vi caput quateret, excussit equitem:
quem cuspide parmâque innixum, attollentem
se ab gravi casu, Manlius ab jugulo, ità ut
per costas ferrum emineret terræ affixit, spoliisque lectis, ad suos revectus, cum ovante
gaudio turmâ in castra atque inde ad prætó-
rium, ad patrem tendit: ignarus fati futurique,
laus an pœna merita esset. « Ut me omnes
inquit, pater, tuo sanguine ortum verè ferrent, provocatus equestria hæc spolia capta
ex hoste cæso porto. » Quod ubi audivit
consul, extemplò filium aversatus, concionem
classico advocari jussit: quæ ubi frequens convenit: « Quandoquidem, inquit, tu, T. Manli,
neque imperium consulare, neque majestatem patriam veritus, adversùs edictum nostrum
extrà ordinem in hostem pugnasti: et quantùm in te fuit disciplinam militarem, quâ
stetit ad hanc diem romana res, solvisti;
meque in eam necessitatem adduxisti ut aut
reipublicæ mihi, aut mei meorumque obli-

viscendum sit; nos potiùs nostro delicto plectemur, quàm respublica tanto suo damno
nostra peccata luat; triste exemplum, sed
in posterum salubre juventuti erimus. Me
quidem cùm ingenita caritas liberûm tùm specimen istud virtutis deceptum vanâ imagine
decoris in te movet. Sed cùm aut morte tuâ
sancienda sint consulum imperia, aut impunitate in perpetuum abroganda; ne te quidem,
si quid in te nostri sanguinis est, recusare
censeam, quin disciplinam militarem culpâ
tuâ prolapsam, pœnâ restituas. I, lictor,
deliga ad palum. » Exanimati omnes tàm atroci
imperio, nec aliter quàm in se quisque districtam cernentes securim, metu magis quàm
modestiâ quievêre. Itaque, velut emerso ab
admiratione animo, cùm silentio defixi stetissent, repente postquàm, cervice cæsâ, fusus
est cruor, tùm libero conquestu coortæ voces
sunt, ut neque lamentis, neque exsecrationibus parceretur : spoliisque contectum juvenis
corpus, quantùm militaribus studiis funus ullum
concelebrari potest, structo extrà vallum rogo,
cremaretur, MANLIANAQUE IMPERIA non in præsentia modò horrenda, sed exempli etiam tristis
in posterum essent.

(*Extrait de Tite-Live*, liv. VIII.)

CHAPITRE IV.

ANALYSE ET DÉVELOPPEMENT DE LA MORT DE VATEL.

Le vrai peut quelquefois n'être pas vraisemblable.

Ce précepte de Boileau trouve surtout ici son application. Que l'on dise en effet à quelqu'un peu versé dans les fastes culinaires. « Il exista, sous Louis XIV, un cuisinier qui se tua de désespoir, parce que la marée avait manquée dans un repas, » cette personne refusera de croire à un tel récit; mais, si l'on ajoute que ce cuisinier était maître-d'hôtel du Grand-Condé, que ce prince traitait le roi de France et une partie de la cour, que tout roulait sur l'artiste en question, on concevra, jusqu'à un certain point, le suicide de ce héros de l'office, et l'on sentira qu'il lui était permis *d'avoir de l'honneur à sa manière.*

Toutefois on regardera un pareil fait comme bien peu digne d'occuper l'attention; mais, si la femme la plus spirituelle de son siècle a pris la plume pour le raconter, on concevra tout le parti que l'on peut tirer des moindres sujets , et l'on aura un récit , ou plutôt une description pleine d'intérêt et de charme ; on croira voir , on verra un tableau vif, piquant, pittoresque, dramatique même, dans ce qui n'offrait à l'esprit qu'une narration aride , froide et commune. C'est ainsi que les circonstances accessoires ont su embellir un fait qui, réduit à son simple exposé, dépouillé des grâces de l'élocution, n'aurait été que triste et rebutant. En effet , quelque déplorable que soit la catastrophe, la profession du personnage et le motif qui le porte à se tuer ne laissent pas de répandre une teinte de comique sur tout le récit. Quand on songe de plus que le nom du pauvre Vatel se trouve mêlé aux grands noms de Louis XIV et de Condé , et que l'aimable auteur qui décrit sa fin donne bientôt après tous les détails de celle de Turenne ; de tels contrastes font oublier le sérieux du fait, et l'on ne peut s'empêcher de classer ce récit, *bien qu'il y ait mort d'homme*, parmi les narrations du genre plaisant. Les anciens l'auraient appelée *lepida narratio* (1). Mais commençons l'analyse.

On peut diviser cette narration en deux temps. Le premier offrira toutes les circon-

(1) Dans mon *Narrationes français*, se trouve ce récit parmi les narrations familières : ce recueil doit servir d'exemples aux préceptes du Traité de la Narration ; il se trouve chez *A. Delalain*.

stances qui précédèrent et amenèrent comme
de loin la catastrophe ; telles que l'*arrivée
du Roi*, *la promenade*, *la collation*, *le
souper*.

« Le Roi arriva jeudi au soir ; la promenade, la
collation dans un lieu tapissé de jonquilles, tout
cela fut à souhait. On soupa ; il y eut quelques
tables où le rôti manqua, à cause de plusieurs
dîners auxquels on ne s'était point attendu. Cela
saisit Vatel : il dit plusieurs fois : « Je suis perdu
d'honneur ; voici une affaire que je ne supporterai pas ; il dit à Gourville, «La tête me tourne ;
il y a douze nuits que je n'ai dormi ; aidez-
moi à donner des ordres. » Gourville le soulagea en ce qu'il put. Le rôti, qui avait manqué,
non pas à la table du Roi, mais à la vingt-cinquième, lui revenait toujours à l'esprit. »

Remarquons d'abord l'art de l'auteur qui
passe rapidement sur l'arrivée du Roi, sur la
promenade et la collation, pour nous entrete-
nir du personnage principal ; il nous entraîne
tout de suite au milieu du sujet. D'abord, le
rôti manque à plusieurs tables, premier
motif de mécontentement pour Vatel ; il se
regarde comme perdu d'honneur ; il en parle
à Gourville, intendant de monsieur le Prince ; il le prie de l'aider, car la tête lui
tourne : ce rôti, ce maudit rôti qui a manqué
à la vingt-cinquième table est toujours présent à sa pensée : *manet altá mente repostum.*

Observons la progression de la douleur de Vatel.

« Gourville le dit à M. le Prince. M. le Prince alla jusque dans la chambre de Vatel et lui dit: « Vatel, tout va bien : rien n'était plus beau que le souper du Roi. » Il répondit : « Monseigneur, votre bonté m'achève, je sais que le rôti a manqué à deux tables. » — « Point du tout , dit M. le Prince , ne vous fâchez point , tout va bien. »

Tel est le désespoir du pauvre Vatel , que Gourville en fait part à M. le Prince , qui est obligé de venir le rassurer , le consoler , le féliciter même de son souper. On admire cette bonté d'un grand prince envers son serviteur ; on aime à retrouver dans un héros le meilleur des maîtres ; remarquons le dialogue entre Vatel et le Prince : ici le discours direct , qui ne serait pas indiqué dans une matière , donne de la vivacité au récit.

« Minuit vient, le feu d'artifice ne réussit point: il fut couvert d'un nuage ; il coûtait seize mille francs. »

Comme s'il était décidé que tout se réunirait dans cette nuit funeste pour accabler l'amour-propre déjà trop irritable de l'intendant de la fête , le feu d'artifice ne réussit pas. Le ciel sembla de complicité avec la terre contre un simple mortel. Ce trait jeté comme en passant, *il coûtait seize mille francs*, redouble les regrets du malheureux Vatel.

Le second temps de la narration est, sans contredit, le plus dramatique. Remarquons avec quel art l'auteur laisse notre attention arrêtée sur le feu d'artifice. Hélas ! les contrariétés de la nuit semblent présager à Vatel de nouvelles tribulations pour le lendemain.

« A quatre heures du matin Vatel s'en va partout, il trouve tout endormi. Il rencontre un petit pourvoyeur qui lui apportait seulement deux charges de marée. »

Tout le monde repose ; le seul Vatel veille ; le contraste de la douleur du maître-d'hôtel avec le calme de toute la maison est piquant. Le voyez-vous, l'infortuné, courant partout, tel qu'un général qui cherche à réparer l'échec de la veille ?

« Il lui demande : « Est-ce là tout ? » — « Oui, Monsieur. » Il ne savait pas que Vatel avait envoyé à tous les ports de mer. »

Qu'il est vif et rapide le dialogue avec le petit pourvoyeur ! la réponse de l'enfant fait frémir. Arrête ! malheureux, d'un mot tu vas donner la mort à un grand homme ; la réflexion qui termine, placée fort à propos, porte avec elle l'excuse de l'innocent auteur de la catastrophe.

« Vatel attend quelque temps : les autres pourvoyeurs ne vinrent point : sa tête s'échauffait ; il crut qu'il n'aurait point d'autre marée. Il trouva Gourville ; il lui dit : « Monsieur, je ne survivrai point à cet affront-ci. » Gourville se moqua de lui. »

Dans son impatience, Vatel dévore l'espace. Ah ! que n'a-t-il des ailes ? et les autres pourvoyeurs, pourquoi ne ressemblent-ils pas aux coursiers de Neptune ! C'en est fait, il n'est plus temps, le malheureux a déposé dans le sein de Gourville ses dernières paroles. Gourville a entendu le chant du cygne. Ne pouvant croire à une telle susceptibilité, ne comprenant pas l'âme du héros, Gourville le plaisante, au lieu de le rassurer, ou du moins de le suivre jusqu'à sa chambre : la présence du Grand Condé deviendrait de nouveau nécessaire pour empêcher l'exécution du projet funeste.

« Vatel monte à sa chambre, met son épée contre la porte, et se la passe au travers du corps ; mais ce ne fut qu'au troisième coup, qu'il tomba mort ; car il s'en donna deux qui n'étaient pas mortels. »

Nous voilà arrivés à cette partie de la narration où le dénouement tragique va

s'accomplir.; il est inutile de faire observer
ici combien les présens accumulés donnent de
mouvement au récit; ils produisent le même
effet que l'infinitif en latin. Mais que dire de
cette épée qui relève la condition du noble
maître-d'hôtel, de cette épée qui lui avait été
donnée pour un autre usage, et qui devait se
tremper dans un sang moins illustre? Ce ne
fut qu'au troisième coup qu'il tomba; preuve
que ce suicide n'était pas l'effet d'un brusque
désespoir, et que Vatel avait juré de ne pas
survivre à son affront.

« Il tombe mort; la marée cependant arrive de
tous côtés; on cherche Vatel pour la distribuer;
on va à sa chambre; on heurte; on enfonce la
porte; on le trouve noyé dans son sang. On
court à M. le Prince qui fut au désespoir. M. le
Duc pleura; c'était sur Vatel que tournait tout
son voyage de Bourgogne. M. le Prince le dit
au Roi fort tristement. On dit que c'était à force
d'avoir de l'honneur à sa manière. On le loua
fort, on loua et blâma son courage. »

Il tombe mort, la marée arrive; belle
opposition! un instant de plus, et l'on
conservait l'Ajax des cuisiniers. Quelle rapidité dans tout ce qui suit! quelles images!
quel tableau! et cette tristesse de M. le
Prince! le grand Condé pleurant aux vers
du grand Corneille, est peut-être moins
touchant que lorsqu'il honore de ses larmes

un fidèle serviteur. Quelques critiques ont trouvé dans cette réflexion : *C'était sur lui que tournait tout son voyage de Bourgogne*, une petite épigramme : M. le Duc ne pleura Vatel, disent-ils, que parce qu'il comptait sur lui pour son voyage. On pourrait répondre à cette objection, que les épigrammes auraient mauvaise grâce dans un sujet aussi triste. Le trait qui termine, devenu proverbe, est d'une vérité profonde.

Lisons maintenant de suite cette narration qui réunit à la concision et à la rapidité, le naturel et l'élégance ; on peut comparer à ce récit celui de Berchoux sur le même sujet.

Mort de Vatel.

Le Roi arriva jeudi au soir ; la promenade, la collation dans un lieu tapissé de jonquilles, tout cela fut à souhait. On soupa ; il y eut quelques tables où le rôti manqua, à cause de plusieurs dîners auxquels on ne s'était point attendu ; cela saisit Vatel ; il dit plusieurs fois : « Je suis perdu d'honneur ; voici une affaire que je ne supporterai pas. » Il dit à Gourville : « La tête me tourne : il y a douze nuits que je n'ai dormi ; aidez-moi à donner des ordres. » Gourville le soulagea en ce qu'il put. Le rôti qui avait manqué, non pas à la table du roi, mais à la vingt-cinquième, lui revenait toujours à l'esprit. Gourville le dit à M. le Prince. M. le

Prince alla jusque dans la chambre de Vatel, et lui dit: « Vatel, tout va bien; rien n'était plus beau que le souper du roi. » Il répondit: « Monseigneur, votre bonté m'achève; je sais que le rôti a manqué à deux tables. » — « Point du tout, dit M. le Prince; ne vous fâchez pas, tout va bien. » Minuit vient, le feu d'artifice ne réussit point, il fut couvert d'un nuage: il coûtait seize mille francs. A quatre heures du matin, Vatel s'en va partout; il trouve tout endormi. Il rencontre un petit pourvoyeur qui apportait seulement deux charges de marée. Il lui demande: « Est-ce là tout? » — « Oui, monsieur. » Il ne savait pas que Vatel avait envoyé à tous les ports de mer. Vatel attend quelque temps; les autres pourvoyeurs ne vinrent point. Sa tête s'échauffait; il crut qu'il n'y aurait point d'autre marée. Il trouva Gourville; il lui dit: « Monsieur, je ne survivrai point à cet affront-ci. » Gourville se moqua de lui. Vatel monte à sa chambre, met son épée contre la porte, et se la passe au travers du corps, mais ce ne fut qu'au troisième coup (car il s'en donna deux qui n'étaient pas mortels) qu'il tomba mort. La marée cependant arrive de tous côtés; on cherche Vatel pour la distribuer; on va à sa chambre; on heurte; on enfonce la porte, on le trouve noyé dans son sang. On court à M. le Prince qui fut au désespoir. M. le Duc pleura; c'était sur Vatel que tournait tout son voyage de Bourgogne. M. le Prince le dit au roi fort tristement. On dit que c'était à force

d'avoir de l'honneur à sa manière. On le loua
fort, on loua et blâma son courage.

(Extrait des Lettres de madame de Sévigné.)

CHAPITRE V.

ANALYSE ET DÉVELOPPEMENT DU PASSAGE DES ALPES PAR FRANÇOIS Ier.

Le passage des Alpes par François Ier,
sans pouvoir être mis en parallèle avec le
prodige d'Annibal, fut cependant remarquable par la hardiesse de l'entreprise et
la célérité de l'exécution ; il ouvrit l'Italie
à l'armée française, amena ses premiers
succès et le triomphe de Marignan.

Cette narration descriptive, que nous
devons à la plume judicieuse de l'historien
Gaillard, peut surtout fournir aux élèves
un modèle d'exercice ; les détails, souvent
techniques de nos travaux et de nos efforts,
sont rapportés avec une très-grande exactitude ; les noms des différens fleuves et des
pays où la scène a lieu, donnent à l'ensemble du morceau une couleur locale que l'on
ne saurait trop recommander. Bien que la
manière de l'auteur ne soit pas de procéder
par accumulation, et par images, il y réussit

sans tomber dans la diffusion et l'enflure; enfin, il a su trouver le secret d'être à la fois peintre brillant et historien fidèle. On ne découvre pas une seule trace de mauvais goût dans son récit.

« On part; un détachement reste et se fait voir sur le Mont-Cenis et sur le Mont-Genèvre, pour inquiéter les Suisses, et pour leur faire craindre une attaque. »

On ne pouvait débuter plus simplement ni entrer plus franchement dans le sujet. Dans une matière on se bornerait à ces mots: *Un détachement reste.* L'auteur, en ajoutant, *se fait voir*, complète l'idée et présente une image; *pour inquiéter les Suisses et leur faire craindre une attaque*, c'est le développement nécessaire, la conséquence naturelle de l'opération militaire. Il faut que l'élève trouve lui-même cette fin de phrase qui d'ailleurs fait ressortir la prévoyance du chef. *Sur le Mont-Cenis et le Mont-Genèvre*: déjà des citations topographiques. L'auteur n'y renoncera pas; on peut le suivre sur la carte pour se convaincre de son exactitude.

« Le reste de l'armée passe à gué la Durance, et s'engage dans les montagnes du côté de Guillestre; trois mille pionniers la précèdent. »

Le dernier trait fait l'éloge de la prudence du général. On ne s'engage dans les montagnes qu'après s'être fait précéder du corps de troupes nécessaires pour assurer la marche; l'exactitude du narrateur à citer les noms géographiques, ridicule et puérile dans une description poétique, mérite ici des éloges.

« Le fer et le feu lui ouvrent une route difficile et périlleuse à travers les rochers : on remplit des vides immenses avec des fascines et de gros arbres : on bâtit des ponts de communication : on traîne, à force d'épaules et de bras, l'artillerie dans quelques endroits inaccessibles aux bêtes de somme. »

L'expression s'anime ; les tableaux vont devenir plus vifs ; déjà le fer et le feu sont personnifiés. Peut-être que l'élève, trouvant dans la matière l'uniformité des tours, chercherait à les varier ; cependant le goût devra lui faire sentir que plus l'armée française s'avance avec ordre et prudence, plus la narration doit en quelque sorte imiter cette marche par son développement uniforme et méthodique. C'est là un des secrets de la composition. On laisserait dans une matière tous les mots techniques que l'élève ne peut pas connaître ; heureux, s'il peut trouver de lui-même la propriété des verbes qui y sont joints ; c'est la justesse de

l'élocution qui relève tous ces détails un
peu arides.

« Les soldats aident les pionniers; les officiers
aident les soldats; tous indistinctement manient
la pioche et la cognée, poussent aux roues, tirent
les cordages; on gravit sur les montagnes; on
fait des efforts plus qu'humains. »

Le tableau se poursuit dans une progression
vraiment admirable. Les rangs sont confon-
dus; les inférieurs se mêlent à leurs supérieurs; soldats, officiers, tous mettent la main
à l'œuvre; ils n'est pas jusqu'aux expressions
triviales de *pioche* et de *cognée* qui ne soient
employées avec art, relevées tant par le tour
que par le verbe qui les accompagne: Faisons
observer encore comment toutes les phrases
hachées, courtes et précises, accélèrent la
marche de la narration; quel tableau! c'est
un exemple d'harmonie imitative: il faut que
l'élève tâche de comprendre et de reproduire
ces ruses de style, ces artifices de diction.

« On brave la mort qui semble ouvrir mille
tombeaux dans ces vallées profondes que l'Argentière arrose, et où des torrens de glaces et
de neiges fondues par le soleil se précipitent
avec un fracas épouvantable. »

Ce passage a presque toute la richesse d'une
description poétique; ce qui en fait le principal mérite, c'est qu'au moment où l'on

pourrait croire l'historien entraîné au-delà des limites de la vraisemblance, la citation d'un fleuve fixe la pensée sur les lieux dont il parle, et nous montre que le narrateur n'est qu'exact et fidèle quand il ébranle si fortement l'imagination par ses tableaux. Les effets du style sont bien en rapport avec le sujet.

« On ose à peine les regarder de la cime des rochers sur lesquels on marche en tremblant, par des sentiers étroits, glissans et raboteux, où chaque faux pas entraîne une chûte, et d'où l'on voit souvent rouler au fond des abîmes et les hommes et les bêtes avec toute leur charge. »

Le jeune homme qui connaît le vers pittoresque de Virgile :

« *Dumosâ pendere procul de rupe videbo.* »

trouvera facilement cette combinaison métaphorique. Le dernier membre de phrase, qui est le complément terrible de ce tableau, est bien propre à faire naître mille réflexions douloureuses sur ces abîmes dévorans qui engloutissent tout ensemble l'homme et le fidèle compagnon de ses fatigues et de ses périls ; la phrase est un modèle d'harmonie imitative ; il semble que l'on entende cette chûte pesante des bêtes de somme.

« Le bruit des torrens, les cris des mourans, les hennissemens des chevaux fatigués et effrayés étaient horriblement répétés par tous les échos des bois et des montagnes, et venaient redoubler la terreur et le tumulte. »

Cette dernière image est un résumé de ce qui précède. De telles accumulations réussissent souvent ; cependant l'élève doit être sobre de pareilles figures ; elles dégénèrent quelquefois en mauvais goût si elles visent trop à l'effet ; d'ailleurs de semblables descriptions ne sauraient avoir le mérite de la nouveauté ; les anciens en sont remplis, et la richesse de leur idiôme leur donne sur nous une supériorité incontestable.

« On arriva enfin à une dernière montagne, où l'on vit avec douleur tant de travaux et d'efforts prêts à échouer. La sape et la mine avaient renversé tous les rochers qu'on avait pu aborder ou entamer ; mais que pouvaient-elles contre une seule roche vive, escarpée de tous côtés, impénétrable au fer, presque inaccessible aux hommes ? »

Cette première phrase est un chef d'œuvre d'adresse oratoire. Après toutes les peintures précédentes, on ne croyait pas que l'intérêt pût augmenter, et cependant il redouble, il est à son comble ; cette dernière montagne apparaissant tout à coup comme un écueil invincible, inexpugnable, rendant inutiles toutes les fatigues précédentes , cette *roche vive*, *escarpée de toutes parts* , etc. , voilà ce qui renouvelle les périls de l'armée française et la curiosité inquiète du lecteur. Eh quoi ! se demande-t-on avec effroi, faudra-t-il que *tant de travaux et tant d'efforts* viennent *échouer* contre ce dernier obstacle ? L'auteur nous fait partager ses craintes , ses incertitudes sur le succès ; la progression des épithètes qu'il donne à cette roche nous fait désespérer. Remarquons le mot *presque*, placé à dessein. Le narrateur annonce que rien n'est inaccessible aux hommes , et surtout aux Français. Ainsi Tite-Live fait dire à Annibal , en parlant de ses soldats : *Nihil Pœno militi invium*.

« Navarre, qui l'avait plusieurs fois sondée, commençait à désespérer du succès , lorsque des recherches plus heureuses lui découvrirent une veine plus tendre qu'il suivit avec la dernière précision ; le rocher fut entamé par le milieu , et l'armée , introduite , au bout de huit jours , dans le marquisat de Saluces , admira ce que peuvent l'industrie, l'audace et la persévérance.»

Ce nom historique, placé seul et sans développement, suffirait pour indiquer à l'élève quel chef servait de guide principal dans ce passage. Pierre de Navarre, général malheu-

De Cal. Tr. de Na. 5

reux, mais plein d'expérience, tout-à-tour
au service de Ferdinand et de François 1er,
fut l'inventeur des mines; c'était un homme
nécessaire dans une pareille expédition.
Quelle justesse et quel choix dans ces expressions, *lui découvrirent une veine plus ten-*
dre, etc.; remarquons aussi que l'auteur ne
s'étend pas sur l'entrée de l'armée dans le
marquisat de Saluces. On ne pouvait mieux
se résumer en terminant; trois mots récapi-
tulent tout ce qui précède, en effet, dans
toute entreprise, l'industrie commence,
l'audace poursuit, et la persévérance achève;
c'est le cas de rappeler ici : *Labor omnia*
vincit improbus.

Passage des Alpes par François 1er.

On part; un détachement reste et se fait voir
sur le Mont-Cenis et sur le Mont-Genèvre, pour
inquiéter les Suisses, et leur faire craindre une
attaque. Le reste de l'armée passe à pied la
Durance, et s'engage dans les montagnes, du
côté de Guillestre; trois mille pionniers la précèdent. Le fer et le feu lui ouvrent une route
difficile et périlleuse à travers des rochers; on
remplit des vides immenses avec des fascines
et de gros arbres; on bâtit des ponts de communication; on traîne, à force d'épaules et de
bras, l'artillerie dans quelques endroits inacces-

sibles aux bêtes de somme ; les soldats aident les pionniers ; les officiers aident les soldats ; tous indistinctement manient la pioche et la coignée, poussent aux roues, tirent les cordages ; on gravit sur les montagnes ; on fait des efforts plus qu'humains ; on brave la mort qui semble ouvrir mille tombeaux dans ces vallées profondes que l'Argentière arrose, et où des torrens de glaces et de neiges fondues par le soleil se précipitent avec un fracas épouvantable. On ose à peine les regarder de la cîme des rochers sur lesquels on marche en tremblant par des sentiers étroits, glissans et raboteux, où chaque faux pas entraîne une chûte, et d'où l'on voit souvent rouler au fond des abîmes et les hommes et les bêtes, avec toute leur charge. Le bruit des torrens, les cris des mourans, les hennissemens des chevaux fatigués et effrayés, étaient horriblement répétés par tous les échos des bois et des montagnes, et venaient redoubler la terreur et le tumulte.

On arriva enfin à une dernière montagne où l'on vit avec douleur tant de travaux et tant d'efforts prêts à échouer. La sape et la mine avaient renversé tous les rochers qu'on avait pu aborder ou entamer ; mais que pouvaient-elles contre une seule roche vive, escarpée de tous côtés, impénétrable au fer, presque inaccessible aux hommes ? Navarre, qui l'avait plusieurs fois sondée, commençait à désespérer du succès, lorsque des recherches plus heureuses lui décou-

vrirent une veine plus tendre qu'il suivit avec
la dernière précision ; le rocher fut entamé
par le milieu , et l'armée, introduite au bout
de huit jours dans le marquisat de Saluces ,
admira ce que peuvent l'industrie , l'audace
et la persévérance.

(*Extrait de Gaillard.*)

TROISIÈME PARTIE.

CHAPITRE PREMIER.

IDÉES GÉNÉRALES DES FIGURES.

Presque tout est figuré dans la partie morale et métaphysique des langues, a dit Marmontel ; et comme le bourgeois gentilhomme faisait de la prose sans le savoir, sans le savoir aussi, et sans nous en apercevoir, nous faisons continuellement des figures de mots et des figures de pensées.

Les figures sont si loin, comme on l'a prétendu, d'être des manières de parler éloignées de celles qui sont naturelles et ordinaires, qu'il n'y a rien de si naturel, de si ordinaire dans le langage des hommes. Aussi Du Marsais a-t-il observé avec raison qu'il s'en faisait plus en un seul jour de marché à la halle, qu'il ne s'en fait en plusieurs jours d'assemblées académiques.

Hors un petit nombre de figures réservées pour le style élevé, les autres se trouvent sans cesse dans le style le plus simple, et dans le langage le plus commun.

Qu'est-ce donc que les figures ? Ce mot se prend ici lui-même dans un sens figuré : c'est une métaphore. *Figure*, dans le sens propre, est la forme extérieure d'un corps. Tous les corps sont étendus; mais, outre cette propriété générale d'être étendus, ils ont encore chacun leur figure et leur forme particulière, qui fait que chaque corps paraît à nos yeux différent d'un autre corps : il en est de même des expressions figurées ; elles font d'abord connaître ce qu'on pense ; elles ont d'abord cette propriété générale qui convient à toutes les phrases et à tous les assemblages de mots, et qui consiste à signifier quelque chose, en vertu de la construction grammaticale ; mais de plus, les expressions figurées ont encore une modification particulière qui leur est propre, et c'est en vertu de cette modification particulière que l'on fait une espèce à part de chaque figure.

ARTICLE I.

Division des Figures.

On divise les figures en *figures de pensées*, et en *figures de mots*. Il y a cette différence

entre elles, dit Cicéron, que les premières
dépendent uniquement du tour de l'imagination ; elles ne consistent que dans la
manière particulière de penser ou de sentir,
en sorte que la figure demeure la même,
quoiqu'on vienne à changer les mots qui
l'expriment. Ainsi dans cette prosopopée :
« Ce tombeau s'ouvrirait, ces ossemens se
rejoindraient pour me dire : pourquoi viens-
tu mentir pour moi, qui ne mentis jamais
pour personne ? laisse-moi reposer dans le
sein de la vérité, et ne viens pas troubler
ma paix par la flatterie que j'ai haïe. »
De quelque manière que Fléchier eût fait
parler M. de Montausier, il aurait fait une
prosopopée. Au contraire, les figures de
mots sont telles que si vous changez les
mots, la figure disparaît : par exemple,
lorsque, parlant d'une armée navale, je
dis qu'elle était composée de cent *voiles*,
c'est une figure de mots ; *voiles* est là pour
vaisseaux. Que je substitue le mot *vaisseaux*
à celui de *voiles*, j'exprime également ma
pensée ; mais il n'y a plus de figure.

ARTICLE II.

Division des Figures de mots.

Il y a quatre sortes de figures de mots :

1°. Celles que les Grammairiens appellent *figures de diction*. Elles s'appliquent aux changemens qui arrivent dans les lettres ou dans les syllabes : telle est par exemple la syncope, c'est le retranchement d'une lettre ou d'une syllabe au milieu d'un mot : *scuta virûm* pour *virorum*.

2°. Celles qui regardent uniquement la construction : par exemple, lorsqu'Horace, parlant de Cléopâtre, dit : *monstrum quæ* pour *quod*. Nous disons en français *la plupart des hommes disent* et non pas dit. Cette figure s'appelle *syllepse*.

3°. Il y a quelques figures de mots dans lesquelles les mots conservent leur signification propre. Telle est la *répétition* : Virgile, en parlant de la douleur d'Orphée après la perte d'Eurydice, dit :

Te dulcis conjux, te solo in littore secum.
Te veniente die, te decedente, canebat.

4°. Il y a des figures de mots que l'on appelle *tropes* : par ces figures, les mots prennent des significations différentes de qui leur est propre. Ce sont ces figures dont nous allons parler.

ARTICLE III.

Définition des Tropes.

Les *tropes* sont des figures par lesquelles on fait prendre à un mot une signification qui n'est pas précisément la signification propre de ce mot ; ainsi pour entendre ce que c'est qu'un *trope*, il faut commencer par bien comprendre ce que c'est que la signification propre d'un mot.

Ces figures sont appelées *tropes*, du grec τρόπος, *conversio*, parce qu'on tourne pour ainsi dire le mot, afin de lui faire signifier ce qu'il ne signifie point dans le sens propre. Comme quand on dit *voiles* pour vaisseaux.

Il y a dans les tropes une modification ou une différence générale qui les rend tropes, et qui les distingue des autres figures : elle consiste en ce qu'un mot est pris dans une signification qui n'est pas précisément sa signification propre ; mais de plus, chaque trope diffère d'un autre trope, et cette différence consiste dans la manière dont un mot s'écarte de sa signification propre ; par exemple : *Il y n'a plus de Pyrénées*, dit Louis XIV, lorsque son petit-fils le duc

* 5

d'Anjou , Philippe V , fut appelé à la couronne d'Espagne. Louis XIV ne voulait pas dire que les Pyrénées avaient été abîmées ou anéanties , mais qu'il n'existait plus de séparation , plus de guerre entre la France et l'Espagne unies par cette alliance.

ARTICLE IV.

Sens propre ; Sens figuré.

Avant que d'entrer dans le détail de chaque trope , il est nécessaire de bien comprendre la différence qu'il y a entre le sens propre et le sens figuré.

Un mot est employé dans le discours, ou dans le sens propre , ou dans le sens figuré , quel que puisse être le nom que les rhéteurs donnent au sens figuré.

Le sens propre d'un mot, c'est la première signification du mot. Un mot est pris dans le sens propre , lorsqu'il signifie ce pourquoi il a été premièrement établi ; par exemple : *Le feu brûle , la lumière nous éclaire* ; tous ces mots-là sont dans le sens propre.

Mais quand un mot est pris dans un autre sens , il paraît alors , pour ainsi dire , sous une forme empruntée , sous une figure qui n'est pas sa figure naturelle , c'est-à-dire celle qu'il a eue d'abord ; alors on dit que ce mot est au figuré ; par exemple : *Le feu de vos yeux* , *le feu de l'imagination* , *la lumière de l'esprit* , *la clarté d'un discours* .

La liaison qu'il y a entre les idées accessoires , je veux dire , entre les idées qui ont rapport les unes aux autres , est la source et le principe des divers sens figurés que l'on donne aux mots. Les objets qui font sur nous des impressions , sont toujours accompagnés de différentes circonstances qui nous frappent , et par lesquelles nous désignons souvent , ou les objets même qu'elles n'ont fait qu'accompagner , ou ceux dont elles réveillent en nous le souvenir. Le nom propre de l'idée accessoire est souvent plus présent de l'imagination que l'idée principale, et souvent aussi ces idées accessoires , désignant les objets avec plus de circonstances que ne feraient les noms propres de ces objets , les peignent ou avec plus d'énergie , ou avec plus d'agrément. De là , le signe pour la chose signifiée, la cause pour l'effet , la partie pour le tout , l'antécédent pour le conséquent , et les autres tropes dont je parlerai dans la suite. Comme l'une de ces idées ne saurait être réveillée sans exciter l'autre , il arrive souvent que l'expression figurée est aussi facilement entendue que si l'on se servait du mot propre ; elle est même

ordinairement plus vive et plus agréable
quand elle est employée à propos, parce
qu'elle réveille plus d'une image ; elle atta-
che ou amuse l'imagination, et donne aisément à deviner à l'esprit.

ARTICLE V.

Usages ou effets des Tropes.

1°. Un des plus fréquens usages des tropes,
c'est de réveiller une idée principale, par le
moyen de quelque idée accessoire : c'est ainsi
qu'on dit *cent voiles* pour cent vaisseaux ;
cent feux pour cent maisons ; *il aime la
bouteille*, c'est-à-dire il aime le vin ; *le
fer* pour l'épée, *la plume* ou *le style* pour
la manière d'écrire, etc.

2°. Les tropes donnent plus d'énergie à
nos expressions. Quand nous sommes vivement frappés de quelque pensée, nous nous
exprimons rarement avec simplicité ; l'objet
qui nous occupe se présente à nous avec les
idées accessoires qui l'accompagnent ; nous
prononçons les noms de ces images qui nous
frappent ; ainsi, nous avons naturellement
recours aux tropes ; d'où il arrive que nous
faisons mieux sentir aux autres ce que nous
sentons nous-mêmes : de là viennent ces
façons de parler : *il est enflammé de colère ;
il est tombé dans une erreur grossière ;*

*flétrir la réputation ; s'énivrer de plai-
sirs,* etc.

3º. Les tropes ornent le discours. M Fléchier, voulant parler de l'instruction qui
disposa M. le duc de Montausier à faire abju-
ration de l'hérésie, au lieu de dire simplement
qu'il se fit instruire; que les ministres de Jésus-
Christ lui apprirent les dogmes de la religion
catholique, et lui découvrirent les erreurs de
l'hérésie, s'exprime en ces termes : « Tombez,
tombez, voiles importuns qui lui couvrez la
vérité de nos mystères : et vous, prêtres de
Jésus-Christ, prenez le glaive de la parole, et
coupez sagement jusqu'aux racines de l'erreur
que la naissance et l'éducation avait fait croître dans son âme. Mais par combien de liens
était-il retenu ? »

Outre l'apostrophe, figure de pensée qui se
trouve dans ces paroles, les tropes en font
le principal ornement : *Tombez, voiles, couvrez; prenez le glaive, coupez jusqu'aux racines : croître, liens, retenu,* toutes ces expressions sont autant de tropes qui forment des
images, dont l'imagination est agréablement
occupée.

4º. Les tropes rendent le discours plus
noble : les idées communes auxquelles nous
sommes accoutumés, n'excitent point en nous
ce sentiment d'admiration et de surprise, qui
élève l'âme : en ces occasions, on a recours

aux idées accessoires, qui prêtent, pour
ainsi dire, des habits plus nobles à ces idées
communes. *Tous les hommes meurent également;* voilà une pensée commune. Horace a
dit :

> *Pallida mors æquo pulsat pede pauperum tabernas*
> *regumque turres*

On sait la paraphrase simple et naturelle
que Malherbe a faite de ce vers :

> La mort a des rigueurs à nulle autre pareilles ,
>   On a beau la prier;
> La cruelle qu'elle est se bouche les oreilles ,
>   Et nous laisse crier.

> Le pauvre en sa cabane, où le chaume le couvre ,
>   Est sujet à ses lois ;
> Et la garde qui veille aux barrières du Louvre ,
>   N'en défend pas les rois.

5°. Les tropes sont d'un grand usage pour
déguiser des idées dures, désagréables, tristes ou contraires à la modestie; on en trouvera
des exemples dans l'article de l'euphémisme,
et dans celui de la périphrase.

6° Enfin, les tropes enrichissent une langue en multipliant l'usage d'un même mot; ils
donnent à un mot une signification nouvelle,
soit parce qu'on l'unit avec d'autres mots, auxquels souvent il ne se peut joindre dans le
sens propre , soit parce qu'on s'en sert par
extension et par ressemblance , pour sup-
pléer aux termes qui manquent dans la langue.

CHAPITRE II.

DES TROPES EN PARTICULIER.

ARTICLE I.

La Catachrèse.

(Abus , Extension ou Imitation.)

Les langues les plus riches n'ont point un assez grand nombre de mots pour exprimer chaque idée particulière par un terme qui ne soit que le signe propre de cette idée ; ainsi, l'on est souvent obligé d'emprunter le mot propre de quelque autre idée, qui a le plus de rapport à celle qu'on veut exprimer ; par exemple l'usage ordinaire est de clouer des fers sous les pieds des chevaux, ce qui s'appelle *ferrer un cheval ;* que s'il arrive qu'au lieu de fer on se serve d'argent, on dit alors que les chevaux *sont ferrés d'argent* , plutôt que d'inventer un nouveau mot qui ne serait pas entendu. On ferre aussi d'argent une cassette, etc. Alors *ferrer* signifie par extension garnir d'argent au lieu de fer. On dit de même *aller à cheval* sur un *bâton* , c'est-à-dire se mettre sur un bâton de la même manière qu'on se place à cheval.

Ludere par impar ; equitare in arundine longâ.
Hor. 2 , sat. 3.

Ainsi la *catachrèse* est un écart que certains mots font de leur première signification , pour en prendre une autre qui y a quelque rapport , et c'est aussi ce qu'on appelle *extension ;* par exemple , *feuille* se dit par extension ou imitation des choses qui sont plates et minces, comme les feuilles des plantes ; on dit *une feuille de papier*, *une feuille de fer-blanc* , *une feuille d'or*, *une feuille d'étain* qu'on met derrière les miroirs ; *une feuille de carton* ; *les feuilles d'un paravent* , etc.

Prince , en latin *princeps* , signifiait seulement autrefois, premier , principal ; mais aujourd'hui , en français, il signifie un souverain , ou une personne de maison souveraine.

I. Il y a deux espèces de catachrèse : 1° lorsqu'on donne à un mot une signification éloignée , qui n'est qu'une suite de la signification primitive : c'est ainsi que *succurrere* signifie aider, secourir ; *petere* , attaquer ; *animadvertere* , punir : ce qui peut souvent être rapporté à la métalepse , dont nous parlerons dans la suite.

II. La seconde espèce de catachrèse n'est proprement qu'une sorte de métaphore, c'est lorsqu'il y a imitation et comparaison, comme quand on dit *ferrer d'argent*, *feuille de papier*, etc.

ARTICLE II.

La Métonymie.

Le mot *métonymie* signifie transposition ou changement de nom, un nom pour un autre.

En ce sens cette figure comprend tous les autres tropes ; car, dans tous les tropes, un mot n'étant pas pris dans le sens qui lui est propre, il réveille une idée qui pourrait être exprimée par un autre mot. Nous remarquerons dans la suite ce qui distingue proprement la métonymie des autres tropes.

Les maîtres de l'art restreignent la métonymie aux usages suivans :

I. *La cause pour l'effet* ; par exemple, vivre de son travail, c'est-à-dire vivre de ce qu'on gagne en travaillant.

Les Païens regardaient Cérès comme la déesse qui avait fait sortir le blé de la terre, et qui avait appris aux hommes la manière d'en faire du pain : ils croyaient que Bacchus était le dieu qui avait trouvé l'usage du vin ; ainsi ils donnaient au blé le nom de *Cérès*, et au vin le nom de *Bacchus* ; on en trouve un grand nombre d'exemples dans les poètes

Virgile a dit , *un vieux Bacchus* , pour dire du vin vieux : *implentur veteris Bacchi.*

II. *L'effet pour la cause ;* comme lorsque Ovide dit que le mont Pélion n'a point d'ombres , *nec habet Pelion umbras ;* c'est-à-dire qu'il n'a point d'arbres , qui sont la cause de l'ombre ; *l'ombre* , qui est l'effet des arbres, est prise ici pour les arbres mêmes.

Les poètes disent *la pâle mort* , *les pâles maladies :* la mort et les maladies rendent pâle.

III. *Le contenant pour le contenu ;* comme quand on dit : *il aime la bouteille* , c'est-à-dire *il aime le vin.* Virgile dit que Didon ayant présenté à Bytias une coupe d'or pleine de vin , Bytias la prit et *se leva, s'arrosa de cet or plein,* c'est-à-dire , de la liqueur contenue dans cette coupe d'or :

> . . . .*Ille impiger hausit*
> *Spumantem pateram , et pleno se proluit auro.*

Auro est pris pour la coupe , c'est la matière pour la chose qui en est faite : nous parlerons bientôt de cette espèce de figure ; ensuite la coupe est prise pour le vin.

IV. *Le nom du lieu où une chose se fait , pris pour la chose elle même ;* exemple : *Il a un vrai damas* , c'est-à-dire un sabre ou un couteau qui a été fait à Damas , en Syrie.

C'est ainsi que le Lycée se prend pour les disciples d'Aristote qui enseignait dans le Lycée. Le Portique se prend pour la philosophie que Zénon enseignait à ses disciples dans le Portique.

V. *Le signe pour la chose signifiée ;*

Dans ma vieillesse languissante,
Le sceptre que je tiens pèse à ma main tremblante ;

c'est-à-dire, je ne suis plus dans un âge convenable pour me bien acquitter des soins que demande la royauté. Ainsi le *sceptre* se prend pour l'autorité royale ; *le bâton de maréchal de France*, pour la dignité de maréchal de France ; *le chapeau de cardinal*, et même simplement *le chapeau* se dit pour le cardinalat.

L'épée se prend pour la profession militaire ; la *robe* pour la magistrature, et pour l'état de ceux qui suivent le barreau.

Cicéron a dit que les armes doivent céder à la robe :

Cedant arma togæ, concedat laurea linguæ.

VI. *Le nom abstrait pour le concret.* J'explique dans un article exprès le sens abstrait et le sens concret ; j'observerai seulement ici que *blancheur* est un terme abstrait ; mais quand je dis que ce *papier est blanc, blanc* est alors un terme concret. *Un nouvel*

esclave se forme tous les jours pour vous,
dit Horace ; c'est-à-dire, vous avez tous les
jours de nouveaux esclaves. *Tibi servitus
crescit nova. Servitus* est un abstrait au lieu
de *servi*, ou *novi amatores qui tibi serviant.
Invidiâ major*, au-dessus de l'envie, c'est-
à-dire triomphant des envieux.

Custodia, garde, conservation, se prend
en latin pour ceux qui gardent : *Noctem
custodia ducit insomnem.*

VII. *Les parties du corps qui sont regar-
dées comme le siége des passions et des
sentimens intérieurs, se prennent pour les
sentimens mêmes*; c'est ainsi qu'on dit : *Il
a du cœur*, c'est-à-dire du courage.

Observez que les anciens regardaient le
cœur comme le siége de la sagesse, de
l'esprit, de l'adresse : ainsi, *habet cor*,
dans Plaute, ne veut pas dire, comme parmi
nous, elle a du courage, mais elle a de
l'esprit; *egregiè cordatus* veut dire en latin *un
homme de sens*, qui a un bon discernement.

VIII. *Le nom du maître de la maison se
prend aussi pour la maison qu'il occupe.*
Virgile a dit : *Jam proximus ardet Ucale-
gon*, c'est-à-dire, le feu a déjà pris à la
maison d'Ucalégon.

On donne aussi aux pièces de monnaie le
nom du souverain dont elles portent l'em-
preinte. *Ducentos Philippos reddat aureos,*

qu'elle rende deux cents *Philippes d'or* :
nous dirions deux cents *Louis d'or*.

Voilà les principales espèces de métonymie. Quelques-uns y ajoutent la métonymie
par laquelle on nomme ce qui précède pour
ce qui suit , ou ce qui suit pour ce qui précède ; c'est ce qu'on appelle *l'antécédent
pour le conséquent* , ou *le conséquent pour
l'antécédent* ; on en trouvera des exemples
dans la métalepse , qui n'est qu'une espèce
de métonymie à laquelle on a donné un nom
particulier : au lieu qu'à l'égard des autres
espèces de métonymie dont nous venons de
parler , on se contente de dire métonymie
de la cause pour l'effet ; métonymie du
contenant pour le contenu , métonymie du
signe , *etc.*

ARTICLE III.

La Métalepse.

La *métalepse* est une espèce de métonymie , par laquelle on explique ce qui suit
pour faire entendre ce qui précède , ou ce
qui précède pour faire entendre ce qui suit :
elle ouvre , pour ainsi dire , la porte , dit
Quintilien , afin que vous passiez d'une idée
à une autre : *ex alio in aliud viam præstat* ;
c'est l'antécédent pour le conséquent , ou
le conséquent pour l'antécédent , et c'est

toujours le jeu des idées accessoires, dont l'une réveille l'autre.

Le partage des biens se faisait souvent et se fait encore aujourd'hui, en tirant au sort.

Le sort précède le partage; de là vient que *sors* en latin se prend souvent pour le partage même, pour la portion qui est échue en partage : c'est le nom de l'antécédent qui est donné au conséquent.

Sors signifie encore jugement, arrêt; c'était le sort qui décidait, chez les Romains, du rang dans lequel chaque cause devait être plaidée : ainsi, quand on a dit *sors* pour jugement, on a pris l'antécédent pour le conséquent.

Sortes en latin se prend encore pour un oracle, soit parce qu'il y avait des oracles qui se rendaient par le sort, soit parce que les réponses des oracles étaient comme autant de jugemens qui réglaient la destinée, le partage, l'état de ceux qui les consultaient.

On rapporte de même à la métalepse ces façons de parler : *Il oublie les bienfaits*, c'est-à-dire il n'est pas reconnaissant; *Souvenez-vous de votre convention*, c'est-à-dire observez votre convention. *Seigneur, ne vous ressouvenez point de nos fautes*, c'est-à-dire ne nous punissez point, accordez-nous-en le pardon. *Je ne vous connais pas*, c'est-à-dire je ne fais aucun cas de vous, je vous méprise ; vous êtes à mon égard comme si vous n'étiez pas.

La métalepse se fait donc lorsqu'on passe comme par degré d'une signification à une autre : par exemple, quand Virgile a dit, *après quelques épis*, c'est-à-dire après quelques années ; les épis supposent le temps de la moisson, le temps de la moisson suppose l'été, et l'été suppose la révolution de l'année. Les poëtes prennent les hivers, les étés, les moissons, les automnes et tout ce qui n'arrive qu'une fois en une année, pour l'année même. Nous disons dans le discours ordinaire : *c'est un vin de quatre feuilles*, pour dire, c'est un vin de quatre ans ; et dans les coutumes on trouve *bois de quatre feuilles*, c'est-à-dire bois de quatre années.

Ainsi, le nom des différentes opérations de l'agriculture se prend pour le temps de ces opérations ; c'est le conséquent pour l'antécédent ; la moisson se prend pour le temps de la moisson, la vendange pour le temps de la vendange. *Il est mort pendant la moisson*, c'est-à-dire dans le temps de la moisson. La moisson se fait ordinairement dans le mois d'août ; ainsi, par métonymie ou métalepse, on appelle la moisson l'*août*, qu'on prononce l'*oût* ; alors le temps dans lequel une chose se fait, se prend pour la

chose même, et toujours à cause de la liaison
que les idées accessoires ont entre elles.

On rapporte aussi à cette figure ces façons
de parler des poètes, par lesquelles ils prennent l'antécédent pour le conséquent, lorsqu'au lieu d'une description, ils nous mettent devant les yeux le fait que la description
suppose :

« O Ménalque, si nous vous perdions, dit
Virgile (1), qui émaillerait la terre de fleurs?
qui ferait couler les fontaines sous une ombre
verdoyante? » C'est-à-dire qui chanterait la
terre émaillée de fleurs? Qui nous en ferait
des descriptions aussi vives et aussi riantes
que celles que vous en faites? qui nous pein-
drait, comme vous, ces ruisseaux qui coulent
sous une ombre verte?

ARTICLE IV.

La Synecdoque.

Le terme de *synecdoque* signifie compré-
hension, conception : en effet, dans la
synecdoque on fait concevoir à l'esprit plus
ou moins que le mot dont on se sert ne
signifie dans le sens propre.

Quand, au lieu de dire d'un homme qu'il

(1) *Quis caneret Nymphas? quis humum florentibus*
herbis
Spargeret? aut viridi fontes induceret umbrâ?
Virg. Ecl. IX.

aime *le vin*, je dis qu'il aime la bouteille, c'est une simple métonymie ; c'est un nom pour un autre. Mais quand je dis *cent voiles* pour cent vaisseaux ; non seulement je prends un nom pour un autre, mais je donne au mot *voiles* une signification plus étendue que celle qu'il a dans le sens propre ; je prends la partie pour le tout.

La synecdoque est donc une espèce de métonymie, par laquelle on donne une signification particulière à un mot, qui, dans le sens propre, a une signification plus générale ; ou, au contraire, on donne une signification générale à un mot qui, dans le sens propre, n'a qu'une signification particulière. En un mot, dans la métonymie je prends un nom pour un autre, au lieu que dans la synecdoque je prends le *plus* pour le *moins* ou le *moins* pour le *plus*.

Voici les différentes sortes de synecdoques que les grammairiens ont remarquées.

I. *Synecdoque du genre* : comme quand on dit *les mortels* pour les hommes ; le terme de *mortels* devrait pourtant comprendre aussi les animaux qui sont sujets à la mort aussi bien que nous ; ainsi, quand par *les mortels* on n'entend que les hommes, c'est une synecdoque du genre : on dit *le plus* pour *le moins*.

De Cal. Tr. de Nar.   6

II. Il y a au contraire la *Synecdoque de l'espèce* : c'est lorsqu'un mot, qui, dans le sens propre, ne signifie qu'une espèce particulière, se prend pour le genre ; c'est ainsi qu'on appelle quelquefois *voleur* un méchant homme. C'est alors prendre le *moins* pour marquer *plus*.

Il y avait dans la Thessalie, entre le mont Ossa et le mont Olympe, une fameuse plaine appelée *Tempé*, qui passait pour un des plus beaux lieux de la Grèce ; les poètes grecs et latins se sont servis de ce mot particulier pour désigner toutes sortes de belles campagnes.

III. *Synecdoque dans le nombre* : c'est lorsqu'on met un singulier pour un pluriel, ou un pluriel pour un singulier.

1. *Le Germain révolté*, c'est-à-dire les Germains, les Allemands ; *l'ennemi vient à nous*, c'est-à-dire, *les ennemis*. Dans les historiens latins, on trouve souvent *pedes* pour *pedites* ; le fantassin pour les fantassins, l'infanterie.

2. Le pluriel pour le singulier. Souvent dans le style sérieux on dit *nous* au lieu de *je*, et de même, *il est écrit* dans *les prophètes*, c'est-à-dire dans un livre de quelqu'un des prophètes.

3. Un nombre certain pour un nombre

incertain. *Il me l'a dit dix fois, cent fois, mille fois*, c'est-à-dire plusieurs fois.

IV. *La partie pour le tout, et le tout pour la partie.* Ainsi *la tête* se prend quelquefois pour tout l'homme : c'est ainsi qu'on dit communément, *on a payé tant par tête*, c'est-à-dire tant pour chaque personne; *une tête si chère*, c'est-à-dire une personne, si précieuse, si aimée.

L'onde, dans le sens propre, signifie une vague, un flot; cependant les poètes prennent ce mot pour la mer, ou pour l'eau d'une rivière, ou pour la rivière même :

V. *On se sert souvent du nom de la matière pour marquer la chose qui en est faite :* le pin ou quelque autre arbre se prend dans les poètes pour un vaisseau; on dit communément *de l'argent*, pour des pièces d'argent, de la monnaie: *Le fer* se prend pour l'épée : *périr par le fer.* Virgile s'est servi de ce mot pour le soc de la charrue :

At priùs ignotum ferro quàm scindimus æquor.

ARTICLE V.

L'Antonomase.

L'antonomase est une espèce de synecdoque, par laquelle on met un nom commun pour un nom propre, ou bien un nom propre pour un nom commun. Dans le

premier cas, on veut faire entendre que
la personne ou la chose dont on parle
excelle sur toutes celles qui peuvent être
comprises sous le nom commun ; et dans le
second cas , on fait entendre que celui dont
on parle , ressemble à ceux dont le nom
propre est célèbre par quelque vice ou par
quelque vertu.

*Philosophe , orateur , poète, roi , ville ,
monsieur ,* sont des noms communs ; cependant l'antonomase en fait des noms particuliers qui équivalent à des noms propres.

Quand les Anciens disent le *philosophe*, ils
désignent Aristote.

Quand les Latins disent *l'orateur* , ils
désignent Cicéron.

Quand ils disent le *poète* , il désignent
Virgile.

Les adjectifs ou épithètes sont des noms
communs , que l'on peut appliquer aux
différens objets auxquels ils conviennent ;
l'antonomase en fait des noms particuliers :
*l'invincible , le conquérant , le grand , le
juste, le sage,* se-disent , par antonomase , de
certains princes ou d'autres personnes particulières

I. La seconde espèce d'antonomase, consiste à prendre un nom propre pour un
nom commun, ou pour un adjectif.

Sardanapale, dernier roi des Assyriens, vivait dans une extrême mollesse, de là on dit d'un volupteux, *c'est un Sardanapale*; c'est par la même figure que l'on dit d'un prince cruel, *c'est un Néron*; d'un homme recommandable par l'austérité de ses mœurs: *c'est un Caton*.

ARTICLE VI.

La Communication dans les Paroles.

Les rhéteurs parlent d'une figure appelée simplement *communication*; c'est lorsque l'orateur, s'adressant à ceux à qui il parle, paraît se communiquer, s'ouvrir à eux, les prendre eux-mêmes pour juges; par exemple: *En quoi vous ai-je donné lieu de vous plaindre? Répondez moi, que pouvais-je faire de plus? Qu'auriez-vous fait à ma place*, etc. En ce sens la communication est une figure de pensée, et par conséquent elle n'est pas de mon sujet.

La figure dont je veux parler est un trope, par lequel on fait tomber sur soi-même ou sur les autres, une partie de ce qu'on dit; par exemple un maître dit quelquefois à ses disciples, *nous perdons tout notre temps*, au lieu de dire, *vous ne faites que vous amuser*. *Qu'avons-nous fait?* veut dire en ces occasions *qu'avez-vous fait?* Ainsi *nous*,

dans ces exemples, n'est pas le sens propre,
il ne comprend point celui qui parle. On
ménage par ces expressions l'amour propre
de ceux à qui on adresse la parole, en
paraissant partager avec eux le blâme de ce
qu'on leur reproche ; la remontrance étant
moins personnelle, et paraissant comprendre
celui qui la fait, en est moins aigre et
devient souvent plus utile.

Les louanges qu'on se donne blessent
toujours l'amour propre de ceux à qui l'on
parle. Il y a plus de modestie à s'énoncer d'une
manière qui fasse retomber sur d'autres une
partie du bien qu'on veut dire de soi : ainsi
un capitaine dit quelquefois que sa com-
pagnie a fait telle ou telle action, plûtôt
que d'en faire retomber la gloire sur lui
seul.

On peut regarder cette figure comme une
espèce particulière de synecdoque, puisqu'on
dit *le plus* pour tourner l'attention *au
moins*.

ARTICLE VII.

La Litote.

La *litote* ou diminution est un trope par
lequel on se sert de mots qui, à la lettre,
paraissent affaiblir une pensée dont on sait
bien que les idées accessoires feront sentir

toute la force : on dit le moins par modestie ou par égard ; mais on sait bien que ce moins réveillera l'idée du plus.

Quand Chimène dit à Rodrigue, *va, je ne te hais point*, elle lui fait entendre plus que ces mots-là ne signifient dans leur sens propre.

Il en est de même de ces façons de parler : *je ne puis vous louer*, c'est-à-dire, je blâme votre conduite ; *je ne méprise pas vos présens*, signifie que j'en fais beaucoup de cas ; *il n'est pas sot*, veut dire qu'il a plus d'esprit que vous ne croyez ; *il n'est pas poltron*, fait entendre qu'il a du courage ; *Pythagore n'est pas un auteur méprisable* (1), c'est-à-dire que Pythagore est un auteur qui mérite d'être estimé ; *je ne suis par si difforme* (2), veut dire modestement qu'on est bien fait, ou du moins qu'on le croit ainsi.

On appelle aussi cette figure exténuation : elle est opposée à l'hyperbole.

(1) *Non sordidus auctor naturæ verique.*
Hor. l. 1 , od. 28.

(2) *Nec sum adeò informis.*
Virg. Ecl. 2, v. 25.

ARTICLE VIII.

L'Hyperbole.

Lorsque nous sommes vivement frappés de quelque idée que nous voulons représenter, et que les termes ordinaires nous paraissent trop faibles pour exprimer ce que nous voulons dire, nous nous servons de mots qui, à les prendre à la lettre, vont au-delà de la vérité, et représentent le plus ou le moins pour faire entendre quelque excès en grand ou en petit. Ceux qui nous entendent rabattent de notre expression ce qu'il en faut rabattre, et il se forme dans leur esprit une idée plus conforme à celle que nous voulons y exciter, ce qui n'aurait pas lieu si nous nous étions exprimés simplement : par exemple, si nous voulons faire comprendre la légèreté d'un cheval qui court extrêmement vite, nous disons qu'*il va plus vite que le vent.* Cette figure s'appelle *hyperbole*, mot grec qui signifie *excès*.

Julius Solinus dit qu'un certain Lada était d'une si grande légèreté, qu'il ne laissait sur le sable aucun vestige de ses pieds.

L'hyperbole est ordinaire aux Orientaux. Les jeunes-gens en font plus souvent usage que les personnes avancées en âge. On doit en user sobrement et avec quelque correctif;

par exemple , en ajoutant , *pour ainsi dire ,*
si l'on peut parler ainsi.

« Les esprits vifs, pleins de feu , et qu'une
vaste imagination emporte hors des règles et
de la justesse, ne peuvent s'assouvir d'hyperboles, dit M. de la Bruyère. »

Excepté quelques façons de parler communes et proverbiales , nous usons très-rare-
ment d'hyperboles en français. On en trouve
quelques exemples dans le style satirique et
badin , et quelquefois même dans le style
sublime et poétique : *Des ruisseaux de*
larmes coulèrent des yeux de tous les
habitans.

ARTICLE IX.

L'Hypotypose.

L'Hypotypose est un mot grec qui signifie
image , tableau. Elle consiste à peindre
les faits dont on parle , comme si ce qu'on
dit était actuellement devant les yeux ; on
montre , pour ainsi dire , ce qu'on ne fait
que raconter ; on donne en quelque sorte
l'original pour la copie , les objets pour
les tableaux. Vous en trouverez un bel
exemple dans le récit de la mort d'Hip-
polyte.

*6

ARTICLE X.

La Métaphore.

La *métaphore* est une figure par laquelle
on transporte, pour ainsi dire, la signification propre d'un mot à une autre signification
qui ne lui convient qu'en vertu d'une comparaison qui est dans l'esprit. Un mot pris dans
un sens métaphorique perd sa signification
propre, et en prend une nouvelle qui ne se
présente à l'esprit que par la comparaison
que l'on fait entre le sens propre de ce mot,
et ce qu'on lui compare : par exemple, quand
on dit que *le mensonge se pare souvent des
couleurs de la vérité*, dans cette phrase,
couleurs n'a plus de signification propre et
primitive ; ce mot ne marque plus cette
lumière modifiée qui nous fait voir les objets
ou blancs, ou rouges, ou jaunes, etc. : il
signifie *les dehors*, *les apparences*; et cela
par comparaison entre le sens propre de *couleurs*, et les dehors que prend un homme
qui nous en impose sous le masque de la
sincérité. Les couleurs font connaître les
objets sensibles ; elles en font voir les dehors
et les apparences ; un homme qui ment,
imite quelquefois si bien la contenance et
les discours de celui qui ne ment pas, que,
lui trouvant les mêmes dehors, et pour ainsi

dire les mêmes couleurs, nous croyons qu'il nous dit la vérité : ainsi, comme nous jugeons qu'un objet qui nous paraît blanc est blanc, de même nous sommes souvent la dupe d'une sincérité apparente ; et dans le temps qu'un imposteur ne fait que prendre les dehors d'homme sincère, nous croyons qu'il nous parle sincèrement.

Quand on dit *la lumière de l'esprit*, ce mot de *lumière* est pris métaphoriquement ; car, comme la lumière dans le sens propre nous fait voir les objets corporels, de même la faculté de connaître et d'apercevoir éclaire l'esprit, le met en état de porter des jugemens sains.

La métaphore est donc une espèce de trope ; le mot dont on se sert dans la métaphore est pris dans un autre sens que dans le sens propre : *il est*, pour ainsi dire, *dans une demeure empruntée*, dit un ancien ; ce qui est commun et essentiel à tous les tropes.

De plus, il y a une sorte de comparaison ou quelque rapport équivalent entre le mot auquel on donne un sens métaphorique, et l'objet auquel on veut l'appliquer ; par exemple, quand on dit d'un homme en colère, *c'est un lion*, *lion* est pris alors dans un sens métaphorique ; on compare l'homme en colère au lion, et voilà ce qui distingue la métaphore des autres figures.

Il y a cette différence entre la métaphore et la comparaison, que dans la comparaison on se sert de termes qui font connaître que l'on compare une chose à une autre ; par exemple, si l'on dit d'un homme en colère, qu'*il est comme un lion*, c'est une comparaison ; mais quand on dit simplement *c'est un lion*, la comparaison n'est alors que dans l'esprit, et non dans les termes : c'est une métaphore.

Quand les métaphores sont régulières, il n'est pas difficile de trouver le rapport de comparaison.

La métaphore est donc aussi étendue que la comparaison ; et lorsque la comparaison ne serait pas juste ou serait trop recherchée, la métaphore ne serait pas régulière.

Remarques sur le mauvais usage des métaphores.

Les métaphores sont défectueuses,

1°. Quand elles sont tirées de sujets bas. Le P. de Colonia reproche à Tertulien d'avoir dit que *le déluge universel fut la lessive de la nature.*

2°. Quand elles sont forcées, prises de loin, et que le rapport n'est point assez naturel, ni la comparaison assez sensible, comme quand Théophile a dit : *Je baignerai mes mains dans les ondes de tes cheveux*; et dans un autre endroit où il dit *que la charrue écorche la plaine*. « Théophile, dit La Bruyère, charge ses descriptions, s'appesantit sur les détails ; il exagère, il passe le vrai dans la nature, il en fait le roman. »

On peut rapporter à la même espèce les métaphores qui sont tirées de sujets peu connus.

3°. Il faut aussi avoir égard aux convenances des différens styles : il y a des métaphores qui conviennent au style poétique, qui seraient déplacées dans le style oratoire.

On ne dirait pas en prose, qu'*une lyre enfante des sons*. Cette observation a lieu aussi à l'égard des autres tropes ; par exemple, *lumen*, dans le sens propre, signifie *lumière* : les poètes latins ont donné ce nom à l'œil, par métonymie ; les yeux sont l'organe de la lumière, et sont, pour ainsi dire, le flambeau de notre corps.

4°. On peut quelquefois modifier une métaphore, en la changeant en comparaison, ou bien en ajoutant quelque correctif ; par exemple, en disant *pour ainsi dire*, *si l'on peut parler ainsi*, etc. « L'art doit être, pour ainsi dire, enté sur la nature ; la nature soutient l'art et lui sert de base ;

et l'art embellit et perfectionne la nature. »

5°. Lorsqu'il y a plusieurs métaphores de suite, il n'est pas toujours nécessaire qu'elles soient tirées exactement du même sujet; mais il ne faut pas qu'on les prenne de sujets opposés, ni que les termes métaphoriques, dont l'un est dit de l'autre, éveillent des idées qui ne puissent point être liées, comme si l'on disait d'un orateur, *c'est un torrent qui s'allume*, au lieu de dire *c'est un torrent qui entraîne*. On a reproché à Malherbe d'avoir dit :

Prends ta foudre, Louis, et va comme un lion.

6°. Chaque langue a des métaphores particulières, qui ne sont point en usage dans les autres langues ; par exemple, les Latins disaient d'une armée : *dextrum et sinistrum cornu*, et nous disons *l'aile droite et l'aile gauche*.

Il est si vrai que chaque langue a ses métaphores propres et consacrées par l'usage, que si vous en changez les termes par les équivalens même qui en approchent le plus, vous vous rendez ridicule.

Un étranger qui, depuis, devenu un de nos citoyens, s'est rendu célèbre par ses ouvrages, écrivant dans le premier temps à son protecteur, lui disait : *Monseigneur*,

vous avez pour moi des boyaux de père;
il voulait dire des entrailles.

ARTICLE XI.

La Syllepse oratoire.

La *syllepse* oratoire est une espèce de
métaphore ou de comparaison, par laquelle
un même mot est pris en deux sens dans
la même phrase, l'un au propre, l'autre
au figuré. Par exemple, Corydon dit que
Galathée est pour lui plus douce que le
thym du mont Hybla; ainsi parle ce berger
dans une églogue de Virgile : le mot *doux*
est au propre par rapport au thym, et il est
au figuré par rapport à l'impression que ce
berger dit que Galathée fait sur lui. Virgile
fait dire ensuite à un autre berger : *Et moi,*
quoique je paraisse à Galathée plus amer
que les herbes de Sardaigne.

Cette figure joue trop sur les mots pour
ne pas demander bien de la circonspection ;
il faut éviter les jeux de mots trop affectés
et tirés de loin.

ARTICLE XII.

L'Allégorie.

L'*allégorie* a beaucoup de rapport avec la
métaphore ; l'allégorie n'est même qu'une
métaphore continuée.

L'allégorie est un discours qui est d'abord
présenté sous un sens propre qui paraît tout
autre chose que ce qu'on a dessein de faire
entendre, et qui cependant ne sert que de
comparaison, pour donner l'intelligence d'un
autre sens qu'on n'exprime point.

La métaphore joint le mot figuré à quelque
terme propre. Par exemple, *le feu de vos
yeux : yeux* est au propre ; au lieu que
dans l'allégorie tous les mots ont d'abord
un sens figuré ; c'est-à-dire que tous les
mots d'une phrase ou d'un discours allégo-
rique forment d'abord un sens littéral qui
n'est pas celui qu'on a dessein de faire
entendre : les idées accessoires dévoilent
ensuite facilement le véritable sens qu'on
veut exciter dans l'esprit; elles démasquent,
pour ainsi dire, le sens littéral étroit, elles
en font l'application.

Quand on a commencé une allégorie, on
doit conserver dans la suite du discours
l'image dont on a emprunté les premières
expressions. Madame des Houlières, sous
l'image d'une bergère qui parle à ses brebis,
rend compte à ses enfans de tout ce qu'elle
a fait pour leur procurer des établissemens,
et se plaint tendrement, sous cette image,
de la dureté de la fortune.

L'allégorie est fort en usage dans les
proverbes. Les proverbes allégoriques ont

d'abord un sens propre qui est vrai, mais qui n'est pas ce qu'on veut principalement faire entendre : on dit familièrement, *tant va la cruche à l'eau qu'à la fin elle se brise;* c'est-à-dire que, quand on affronte trop souvent les dangers, à la fin on y périt, ou que, quand on s'expose fréquemment aux occasions de pécher, on finit par y succomber.

Les fictions que l'on débite comme des histoires, pour en tirer quelque moralité, sont des allégories qu'on appelle *apologues*, *paraboles* ou *fables morales;* telles sont les fables d'Esope. Ce fut par un apologue que Ménénius Agrippa rappela autrefois la populace romaine, qui, mécontente du Sénat, s'était retirée sur une des collines de Rome. Ce que ni l'autorité des lois, ni la dignité des magistrats romains n'avait pu faire, se fit par les charmes de l'apologue.

Les énigmes sont aussi une espèce d'allégorie. L'énigme est un dicours qui ne fait point connaître l'objet auquel il convient, et c'est cet objet qu'on propose à deviner.

ARTICLE XIII.

L'Allusion.

Les *allusions* et les jeux de mots ont encore du rapport avec l'allégorie : l'allégorie

présente un sens, et en fait entendre un
autre : c'est ce qui arrive aussi dans les allusions, et dans la plupart des jeux de mots,
rei alterius ex altérá notatio. On fait allusion
à l'histoire, à la fable, aux coutumes ; et
quelquefois même on joue sur les mots :

> Ton roi, jeune Biron, te sauve enfin la vie ;
> Il t'arrache sanglant aux fureurs des soldats,
> Dont les coups redoublés achevaient ton trépas :
> Tu vis, songe du moins à lui rester fidèle.

Ce dernier vers fait allusion à la malheureuse conspiration du maréchal de Biron ; il
en rappelle le souvenir.

A l'égard des allusions qui ne consistent
que dans un jeu de mots, il vaut mieux
parler et écrire simplement que de s'amuser
à des jeux de mots puérils, froids et fades.

La traduction est l'écueil de ces sortes de
pensées : quand une pensée est solide, tout
ce qu'elle a de réalité se conserve dans la traduction ; mais quand toute sa valeur ne
consiste que dans un jeu de mots, ce faux
brillant se dissipe par la traduction.

> Ce n'est pas toutefois qu'une Muse un peu fine
> Sur un mot, en passant, ne joue et ne badine,
> Et d'un sens détourné n'abuse avec succès :
> Mais fuyez sur ce point un ridicule excès.

Les allusions doivent être facilement
aperçues. Celles que nos poètes font à la fable

sont défectueuses, quand le sujet auquel elles ont rapport n'est pas connu.

J'ajouterai encore ici une remarque, à propos de l'allusion : c'est que nous avons en notre langue un grand nombre de chansons, dont le sens littéral, sous une apparence de simplicité, est rempli d'allusions obscènes. Les auteurs de ces productions sont coupables d'une infinité de pensées dont ils salissent l'imagination, et d'ailleurs ils se déshonorent dans l'esprit des honnêtes gens. Ceux qui, dans des ouvrages sérieux, tombent par simplicité dans le même inconvénient que les faiseurs de chansons, ne sont guère moins répréhensibles, et se rendent plus ridicules.

ARTICLE XIV.

L'Ironie.

L'ironie est une figure par laquelle on veut faire entendre le contraire de ce qu'on dit : ainsi les mots dont on se sert dans l'ironie, ne sont pas pris dans le sens propre et littéral.

Boileau, qui n'a pas rendu à Quinault toute la justice que le public lui a rendue depuis, a dit par ironie :

Je le déclare donc, Quinault est un Virgile.

Il voulait dire un mauvais poète.

Les idées accessoires sont d'un grand usage dans l'ironie : le ton de la voix, et plus encore la connaissance du mérite ou du démérite personnel de quelqu'un, et de la façon de penser de celui qui parle, servent plus à faire connaître l'ironie que les paroles dont on se sert. Un homme s'écrie : *oh le bel esprit !* Parle-t-il de Cicéron, d'Horace ? il n'y a point là d'ironie ; les mots sont pris dans le sens propre. Parle-t-il de Zoïle ? c'est une ironie. Ainsi l'ironie fait une satire avec les mêmes paroles dont le discours ordinaire fait un éloge.

ARTICLE XV.

L'Euphémisme.

L'euphémisme est une figure par laquelle on déguise des idées désagréables, odieuses ou tristes, sous des noms qui ne sont point les noms propres à exprimer ces idées ; ils leur servent comme de voile, et ils en expriment, en apparence, de plus agréables, de moins choquantes, ou de plus honnêtes, selon le besoin ; par exemple, ce serait reprocher à un ouvrier ou à un valet la bassesse de son état, que de l'appeler *ouvrier* ou *valet ;* on leur donne d'autres noms moins choquans qui ne doivent pas être pris dans le sens propre. C'est ainsi que le bourreau est appelé *le maître des hautes œuvres.*

Chez toutes les nations policées on a toujours évité les termes qui expriment des idées déshonnêtes. Les personnes peu instruites croient que les Latins n'avaient pas cette délicatesse ; c'est une erreur. Il est vrai qu'aujourd'hui on a quelquefois recours au latin pour exprimer des idées dont on n'oserait dire le mot propre en français ; mais c'est que, comme nous n'avons appris les mots latins que dans les livres, ils se présentent à nous avec une idée accessoire d'érudition et de lecture, qui s'empare d'abord de l'imagination ; elle la partage, elle enveloppe, en quelque sorte, l'image déshonnête ; elle l'écarte, et ne l'a fait voir que de loin : ce sont deux objets que l'on présente alors à l'imagination, dont le premier est le mot latin qui couvre l'idée qui le suit ; ainsi ces mots servent comme de voile et de périphrase à ces idées peu honnêtes : au lieu que comme nous sommes accoutumés aux mots de notre langue, l'esprit n'est pas partagé. Quand on se sert de termes propres, il s'occupe directement des objets que ces termes signifient. Il en était de même à l'égard des Grecs et des Romains ; les honnêtes gens ménageaient les termes comme nous les ménageons en français ; et leur scrupule allait même quelquefois si loin, qu'ils évitaient la rencontre des syllabes, qui, jointes ensemble, auraient pu réveiller des idées honnêtes. *Quia si ita diceretur, obscæniùs concurrerent litteræ*, dit Cicéron; et Quintilien a fait la même remarque.

Les anciens portaient la superstition jusqu'à croire qu'il y avait des mots dont la seule prononciation pouvait attirer quelque malheur.

Cette superstition paraissait encore plus dans les cérémonies de la religion : on craignait de donner aux dieux quelque nom qui leur fût désagréable. On était averti, au commencent du sacrifice ou de la cérémonie, de prendre garde de prononcer aucun mot qui pût attirer quelque malheur, de ne dire que de bonnes paroles, *bona verba fari*; enfin d'être favorable de la langue, *favete linguis* ou *linguâ*, ou *ore*, et de garder plutôt le silence que de prononcer quelque mot funeste qui pût déplaire aux dieux : et c'est de là que *favete linguis* signifie, par extension, *faites silence*.

Par la même raison, ou plutôt par le même fanatisme, lorsqu'un oiseau avait été de bon augure, et que ce qu'on devait attendre de cet heureux présage était détruit par un augure contraire, ce second augure ne s'appelait point mauvais augure ; mais simplement l'*autre augure*, ou l'*autre oiseau*. C'est pourquoi, dit Festus, ce terme *alter* veut dire quelquefois *contraire, mauvais*.

On peut encore rapporter à l'euphémisme ces périphrases ou circonlocutions dont un orateur délicat enveloppe habilement une idée, qui, toute simple, exciterait peut-être dans l'esprit de ceux à qui il parle une image ou des sentimens peu favorables à son dessein principal. Cicéron n'a garde de dire au sénat que les domestiques de Milon tuèrent Clodius : « Ils firent, dit-il, ce que tout maître eût voulu que ses esclaves eussent fait en pareille occasion. » De même, lorsqu'on ne donne pas à un mercenaire tout l'argent qu'il demande, au lieu de lui dire : *je ne veux pas vous en donner davantage,* souvent on lui dit, par euphémisme : *je vous en donnerai davantage une autre fois ; cela se trouvera ; je chercherai les occasions de vous récompenser,* etc.

ARTICLE XVI.

L'Antiphrase.

L'euphémisme et l'ironie ont donné lieu aux grammairiens d'inventer une figure qu'ils appellent *antiphrase,* c'est-à-dire *contre-vérité* ; par exemple : la mer Noire, sujette à de fréquens naufrages, et dont les bords étaient habités par des hommes extrêmement

féroces, était appelée *Pont-Euxin*, c'est-à-
dire *mer favorable à ses hôtes*, *mer hos-
pitalière*. C'est pourquoi Ovide a dit que le
nom de cette mer était un menteur:

   Quem tenet Euxini, mendax cognomine littus.

Les Furies Alecto, Tisiphone et Mégère
ont été appelées *Euménides*, du grec,
εὐμενεῖς, *benevolæ*, doucés, bienfaisantes.
La commune opinion est que ce nom ne leur
fut donné qu'après qu'elles eurent cessé de
tourmenter Oreste, qui avait tué sa mère.
Ce prince fut, dit-on, le premier qui les
appela *Euménides*.

ARTICLE XVII.

La Périphrase.

Quintilien met la *périphrase* au rang des
tropes; en effet, puisque les tropes tiennent
la place des expressions propres, la périphrase est un trope; car la périphrase tient
la place, ou d'un mot ou d'une phrase.

Nous avons expliqué, dans la première
partie de cette grammaire, ce que c'était
qu'une phrase : c'est une expression, une
manière de parler, un arrangement de
mots, qui fait un sens fini ou non fini.

La périphrase ou circonlocution est un
assemblage de mots qui expriment en plusieurs paroles ce qu'on aurait pu dire en

moins , et souvent en un seul mot ; par exemple : *le vainqueur de Darius* , au lieu de dire , *Alexandre* : *l'astre du jour* , pour *le soleil.*

On se sert de périphrases , ou par bienséance ou pour un plus grand éclaircissement , ou pour l'ornement du discours , ou enfin par nécessité.

1. Par bienséance , lorsqu'on a recours à la périphrase , pour envelopper les idées basses ou peu honnêtes. Souvent aussi , au lieu de se servir d'une expression qui produirait une image trop dure, on l'adoucit par une périphrase, comme nous l'avons remarqué dans l'euphémisme.

2. On se sert aussi de périphrase pour éclaircir ce qui est obscur ; les définitions sont autant de périphrases ; comme lorsqu'au lieu de dire *les Parques* , on dit *les trois déesses infernales , qui, selon la fable, filent la trame de nos jours.*

3. On se sert de périphrases pour l'ornement du discours , surtout en poésie. Le génie de la poésie consiste à amuser l'imagination par des images qui , au fond , se réduisent souvent à une pensée que le discours ordinaire exprimerait avec plus de simplicité , mais d'une manière ou trop sèche ou trop basse : la périphrase poétique

De Cal. Tr. de Nar. 7

présente la pensée sous une forme plus
gracieuse ou plus noble : c'est ainsi qu'au
lieu de dire simplement *à la pointe du jour*,
les poètes disent :

> L'Aurore cependant, au visage vermeil,
> Ouvrait dans l'Orient le palais du soleil :
> La nuit en d'autres lieux portait ses voiles sombres ;
> Les songes voltigeans fuyaient avec les ombres.

On doit éviter les périphrases obscures
et trop enflées. Celles qui ne servent ni
à la clarté, ni à l'ornement du discours,
sont défectueuses. C'est une utilité désagréable qu'une périphrase à la suite d'une
pensée vive, claire, solide et noble. L'esprit
qui a été frappé d'une pensée bien exprimée,
n'aime point à la retrouver sous d'autres
formes, moins agréables, qui ne lui ap-
prennent rien de nouveau, ou rien qui l'in-
téresse.

4. On se sert de périphrases par nécessité,
quand il s'agit de traduire, et que la langue
du traducteur n'a point d'expression propre
qui réponde à la langue originale : par
exemple, pour exprimer en latin une per-
ruque, il faut dire *coma adscititia*, une che-
velure empruntée, des cheveux qu'on s'est
ajustés. Il y a en latin des verbes qui n'ont
point de supin, et par conséquent point de
participe : ainsi, au lieu de s'exprimer par

le participe, on est obligé de recourir à la périphrase *fore ut*, *futurum esse ut* : voir la syntaxe.

ARTICLE XVIII.

L'Hypallage.

Virgile, pour dire *mettre à la voile*, a dit *dare classibus austros* : l'ordre naturel demandait qu'il dît plutôt, *dare classes austris.*

Cicéron, dans l'oraison pour Marcellus, dit à César qu'on n'a jamais vu dans la ville son épée vide du fourreau, *gladium vaginâ vacuum in urbe non vidimus*. Il ne s'agit pas du fond de la pensée, qui est de faire entendre que César n'avait exercé aucune cruauté dans la ville de Rome; il s'agit de la combinaison des paroles, qui ne paraissent pas liées entre elles comme elles le sont dans le langage ordinaire; car *vacuus* se dit plutôt du fourreau que de l'épée.

Cette figure est bien malheureuse. Les rhéteurs disent que c'est aux grammairiens à en parler *Grammaticorum potiùs schema est quàm tropus*, dit Vossius; et les grammairiens la renvoient aux rhéteurs. L'hypallage, à vrai dire, n'est point une figure de grammaire, dit la nouvelle méthode de Port-Royal; c'est un Trope ou figure d'élocution.

Le changement qui se fait dans la construction des mots par cette figure ne regarde
pas leur signification ; ainsi , en ce sens, cette
figure n'est point un Trope, et doit être mise
dans la classe des idiotismes ou façons de
parler particulières à la langue latine ; mais
j'ai cru qu'il n'était pas inutile d'en faire
mention parmi les Tropes. Le changement
que l'hypallage fait dans la combinaison et
dans la construction des mots , est une sorte
de Trope ou de conversion. Après tout, dans
quelque rang qu'on juge à propos de placer
l'hypallage, il est certain que c'est une figure
très-remarquable.

Souvent la vivacité de l'imagination nous
fait parler de manière que, quand nous
venons ensuite à considérer de sang-froid
l'arrangement dans lequel nous avons cons-
truit les mots dont nous nous sommes servis,
nous trouvons que nous nous sommes écartés
de l'ordre naturel , et de la manière dont les
autres hommes construisent les mots quand
ils veulent exprimer la même pensée ; c'est
un manque d'exactitude dans les modernes ;
mais les langues anciennes autorisent souvent ces transpositions. Ainsi , dans les anciens , la transposition dont nous parlons est
une figure remarquable qu'on appelle *hypallage*, c'est-à-dire changement, transposition,
ou renversement de construction. Le besoin

d'une certaine mesure dans les vers a souvent obligé les anciens poètes d'avoir recours à ces façons de parler ; il faut convénir qu'elles ont quelquefois de la grâce : aussi les a-t-on élevées à la dignité d'expressions figurées ; et en ceci les anciens l'emportent bien sur les modernes, à qui on ne fera pas de long-temps le même honneur.

Je vais encore ajouter ici quelques exemples de cette figure , pour la faire mieux connaître. Virgile , en parlant d'Enée et de la Sibylle qui conduisit ce héros dans les enfers , dit :

Ibant obscuri solâ sub nocte per umbram.

pour dire qu'ils marchaient tout seuls dans les ténèbres d'une nuit sombre. Servius et le père de la Rue disent que c'est ici une hypallage pour *ibant soli sub obscurâ nocte*.

Horace a dit :

Pocula lethæos ut si ducentia somnos
Traxerim.

Comme si j'avais bu les eaux qui amènent le sommeil du fleuve Léthé. Il était plus naturel de dire *pocula lethæa* , les eaux du fleuve Léthé.

On peut aussi regarder comme une sorte d'hypallage cette façon de parler selon laquelle on marque par un adjectif une circonstance qui est ordinairement exprimée

par un adverbe. C'est ainsi qu'au lieu de
dire qu'*Enée envoya promptement Achate*,
Virgile dit

   . . . . . . *Rapidum ad naves præmittit Achaten*
   Ascanio.

Rapidum est mis pour *promptement*, *en
diligence.*

   Age diversus, c'est-à-dire chassez-les çà
et là.

     Jamque ascendebant collem qui plurimus urbi
     Imminet.

Plurimus, c'est-à-dire *en long*, une colline
qui domine, qui règne tout le long de la
ville.

   De tous ces exemples on peut conclure
qu'il ne faut point que l'hypallage apporte
de l'obscurité ou de l'équivoque à la pensée.

ARTICLE XIX.

L'Onomatopée.

   L'*Onomatopée* est une figure par laquelle
un mot imite le son naturel de ce qu'il signifie. On réduit sous cette figure les mots formés par imitation du son, comme le *glou-
glou* de la bouteille; le *cliquetis*, c'est-à-
dire le bruit que font les boucliers, les épées,
et les autres armes en se choquant; *Tinnitus
æris*, tintement; c'est le son clair et aigu
des métaux.

Il y a aussi plusieurs mots qui expriment le cri des animaux, comme *béler*, qui se dit des brebis. *Baubari*, aboyer, se dit des gros chiens. *Latrare*, aboyer; hurler, c'est le mot générique. *Mutire*, parler entre les dents, murmurer, gronder, comme les chiens : *mu* canum est, undè *mutire*, dit Charisius.

ARTICLE XX.

Un même mot peut être doublement figuré.

IL est à observer que souvent un mot est doublement figuré; c'est-à-dire qu'en un certain sens il appartient à un certain trope, et qu'en un autre sens il peut être rangé sous un autre trope. On peut avoir fait cette remarque dans quelques exemples que j'ai déjà rapportés. Quand Virgile dit de Bytias, *pleno se proluit auro*, *auro* se prend d'abord pour la coupe; c'est une synecdoque de la matière pour la chose qui en est faite; ensuite la coupe se prend pour la liqueur qui était contenue dans cette coupe : c'est une métonymie du contenant pour le contenu.

Nota, marque, signe, se dit en général de tout ce qui sert à connaître ou remarquer quelque chose; mais lorsque *nota* (*note*) se prend pour *dedecus*, marque d'infamie, tache dans la réputation, comme quand on dit d'un militaire, *il s'est enfui dans une telle occasion, c'est une note*, il y a une métaphore et une synecdoque dans cette façon de parler.

Il y a métaphore, puisque cette *note* n'est pas une marque réelle, ou un signe sensible, qui soit sur la personne dont on parle : ce n'est que par comparaison qu'on se sert de ce mot; on donne à *note* un sens spirituel et métaphorique.

Il y a synecdoque, puisque *note* est restreint à la signification particulière de *tache*, *dedecus.*

Lorsque, pour dire qu'il faut faire pénitence et réprimer ses passions, on dit qu'il *faut mortifier la chair*; c'est une expression figurée qui peut se rapporter à la synecdoque et à la métaphore. *Chair* ne se prend point alors dans le sens propre, ni dans toute son étendue; il se prend pour le corps humain, et surtout pour les passions, les sens : ainsi c'est une synecdoque; mais *mortifier* est un terme métaphorique : on veut dire qu'il faut éloigner de nous toutes les délicatesses sensuelles, qu'il faut punir notre corps, le sevrer de ce qui le flatte, afin d'affaiblir l'appétit charnel, la convoitise, les passions, les soumettre à l'esprit, et, pour ainsi dire, les faire mourir.

Le changement d'état par lequel un citoyen romain perdait la liberté, ou allait en exil, ou changeait de famille, s'appelait *capitis minutio*, diminution de tête : c'est encore une expression métaphorique qui peut aussi être rapportée à la synecdoque. Je crois qu'en ces occasions on peut s'épargner la peine d'une exactitude trop recherchée, et qu'il suffit de remarquer que l'expression est figurée, et de la ranger sous l'espèce de trope auquel elle a le plus de rapport.

FIN.

TABLE.

CHAPITRE IV.

De l'Elocution.

CHAPITRE V.

Des Qualités générales du Style.

CHAPITRE VI.

Des Qualités particulières du Style.

CHAPITRE III.

Analyse et Développement, de la condamnation et du supplice de Titus Manlius.

CHAPITRE IV.

Analyse et Développement de la mort de Vatel.

CHAPITRE V.

Analyse et Développement du passage des Alpes par François I.

TROISIEME PARTIE.

CHAPITRE I.

Idées générales des figures.

CHAPITRE II.

Des Tropes en particulier.

FIN DE LA TABLE.

www.ingramcontent.com/pod-product-compliance
Lightning Source LLC
Chambersburg PA
CBHW071225290326
41931CB00037B/1969